Camouflage

Etwas anderes darstellen: der Seegras-Geisterpfeifenfisch ahmt mit Färbung, oft auch mit schaukelnden Bewegungen, abgestorbene Seegrasblätter nach – inklusive weißer Sprenkeln, die exakt dem krustigen Aufwuchs gleichen, der oft an Seegrasblättern zu finden ist.

Manche Krebse heften sich verschiedene Organismen wie Seescheiden, Schwämme und Weichkorallen auf ihren Körper. So können sie frei umherstreifen und sind doch immer getarnt.

Dekorator-Krabbe

Mit fremden Waffen: Die Mosaik-Boxerkrabbe heftet sich an ihre Scheren nesselnde Seeanemonen (die weißen „Puschel") und benutzt sie zur Verteidigung.

MATTHIAS BERGBAUER
MANUELA KIRSCHNER

—Was lebt in tropischen Meeren?

KOSMOS

Inhalt

6 Einleitung

12 Bestimmungsteil
12 Fische
178 Reptilien & Meeressäuger
184 Wirbellose

252 Register
263 Bildnachweis / Impressum

Einleitung

Korallenriffe sind ein Wunder an Arten- und Formenvielfalt. Ihr biologischer Reichtum ist nur noch mit dem tropischer Regenwälder vergleichbar. Sie bieten Lebensraum für unzählige Tiere, und obwohl seit Langem intensiv erforscht, entdecken Meeresbiologen ständig neue Arten in den Korallenriffen der Welt.

Eine Grundlage für diese Mannigfaltigkeit stellen die riffbildenden Steinkorallen. Die einzelnen Tiere sind sehr klein und recht einfach gebaut. Jedes ist von einem Kalkkelch umgeben und scheidet an seiner Fußscheibe ständig Kalk ab. So wird der Kalksockel unterhalb des Polypen immer weiter verlängert. Auf diese Weise bilden sie teils mehrere Meter große Korallenstöcke, das sind Kolonien aus zahlreichen Einzeltieren. Über viele Generationen und Tausende Jahre hinweg, immer weiter aufeinander aufbauend, entstehen so mächtige Korallenriffe, die größten von Lebewesen geschaffenen Strukturen der Erde. Eine beachtliche Leistung angesichts der Winzigkeit ihrer »Baumeister«. Zumindest tagsüber wirken Steinkorallen eher leblos. Die Polypen sind meist nur nachts zu sehen, wenn sie ihre Tentakel für den Planktonfang ausstrecken.

Unterwasser-Garten: Ein Schneeflocken-Lippfisch (*Cheilinus chlorourus*) vor artenreicher Rifflandschaft.

Einleitung

Fast ausnahmslos verfügen riffbildende Steinkorallen neben dem Planktonfang als typisch tierische Ernährung über eine zweite Nahrungsquelle. Sie leben in enger Symbiose mit mikroskopisch kleinen Algen. Diese sogenannten Zooxanthellen befinden sich innerhalb von Körperzellen des Polypen und betreiben Fotosynthese. Polyp und Algen stehen in engem Nährstoffaustausch, von dem beide Partner profitieren. Durch diese gegenseitige Ergänzung mit effektivem Nährstoffrecycling sind Korallen außerordentlich produktiv. So weisen sie hohe Wachstumsraten auf, trotz der relativ nährstoffarmen tropischen Gewässers, in denen sie leben.

Riffbildende Steinkorallen benötigen ganz bestimmte Umweltbedingungen, die ihre Verbreitung begrenzen. Wegen ihrer Symbiose mit den Zooxanthellen brauchen sie ausreichend Sonnenlicht. In der Regel reicht bei klarem Wasser das einfallende Licht nur bis etwa 50 Meter Tiefe für die Fotosynthese

Guter Standort: Eine Gruppe von Haarsternen nutzt einen exponierten Korallenfels zum Planktonfang.

aus. Entscheidend ist auch die Temperatur. Von wenigen Ausnahmen abgesehen gedeihen Korallenriffe nur dort, wo die Wassertemperaturen im Mittel nicht unter 20 Grad abfallen. Schließlich beeinträchtigt eine hohe Trübstoffbelastung das Korallenwachstum. Werden sie zu stark eingesandet, können sie nicht überleben. Zum Beispiel verhindern die Sedimentmassen großer Flüsse, dass im Einflussbereich ihrer Mündungen Korallenriffe gedeihen.

Zusammengenommen bedecken tropische Korallenriffe weltweit nur etwa 0,015 Prozent der gesamten Meeresfläche. Dafür ist ihre Bedeutung umso größer. Etwa ein Viertel aller Meeresfische sind in irgendeiner Form von Korallenriffen abhängig und fast alle Tierstämme sind in ihnen vertreten. Die enorme Artenvielfalt auf engem Raum macht Korallenriffe zu einem der komplexesten und faszinierendsten Lebensräume der Welt.

Baumeister: Winzige Korallenpolypen erschaffen solche mächtigen Korallenriffe.

Einleitung

Miteinander: Auch Tischkorallen beherbergen symbiontische Algen (links); Clownfische leben in Symbiose mit Anemonen (rechts).

Der Indische und der Pazifische Ozean, zusammen als Indopazifik bezeichnet, stellen rund 92 Prozent der weltweiten Korallenriffe. Dieses Gebiet umfasst als besonders bekannte Ziele das Rote Meer, den Indischen Ozean unter anderem, mit den Malediven und Seychellen, weiter ostwärts Südostasien, zum Beispiel mit Thailand, Indonesien und Philippinen, übergehend in den Westpazifik mit Australien und den Inselgruppen von Mikronesien, Melanesien und Polynesien. Alle im vorliegenden Buch gezeigten Arten leben im Indopazifik. Im Korallenriff sehen wir bei jedem Schnorchel- oder Tauchgang nicht nur eine Fülle von Tierarten. Es lassen sich hier besonders leicht auch viele interessante Verhaltensweisen beobachten. Es gibt hier viele verblüffende Überlebensstrategien mit Tarnen und Täuschen, List und Tücke, doch auch eine auffallend hohe Zahl enger Bindungen zwischen verschiedenen Arten. Besonders interessant sind die verschiedenen Symbiosen. Zu den bekanntesten zählen die von Anemonen- oder Clownfischen mit ihren Wirtsanemonen, das ökologisch äußerst wichtige Putzergewerbe einiger Lippfische und Garnelen mit Hunderten von Fischarten als Partner sowie das Zusammenleben vieler kleiner Krebstiere mit unterschiedlichen Riffbewohnern, etwa die von Knallkrebsen mit Partnergrundeln.

Schwärmerei: Fahnenbarsche bilden oft große Ansammlungen. Dicht vor dem Riff schnappen sie nach Zooplankton.

Ein Tauchgang im Korallenriff lohnt unbedingt auch nachts. Die Veränderungen zu dem vom Tage her vertrauten Bild sind riesig. Die meisten Fische sind zur Nachtruhe in den Löchern und Spalten verschwunden. Die frei gewordene Bühne betreten nur Wirbellose, die sich ihrerseits tagsüber versteckt halten, darunter zahlreiche Krebstiere, Seeigel, verschiedene Schnecken, Haarsterne, Schlangensterne, Sepien und Kalmare. Der Wechsel vom Tag zur Nacht ist sozusagen auch ein Schichtwechsel in der Tierwelt.

Schließlich ist ein Korallenriff immer für Überraschungen gut. Denn hierher kommen – zur Futtersuche, wegen der Putzerstationen oder einfach zufällig – häufig auch Besucher aus den Weiten der Ozeane. Begegnungen mit Meeresschildkröten etwa sind in vielen Riffen recht häufig. Mit etwas Glück und zur richtigen Zeit sind auch Großfische wie Adlerrochen und Mantas, verschiedene Haie bis hin zum Walhai oder Meeressäuger wie Delfine zu sehen.

Suchtrupp: Weißkehl- und Sträflingsdoktorfische ziehen auf der Suche nach fressbaren Algen übers Riff.

—Fische

Ammenhaiartige

AMMENHAIARTIGE—ORECTOLOBIFORMES
Außer dem Walhai leben alle Mitglieder dieser Haigruppe auf dem Meeresboden. Sie sind für Menschen ungefährlich, wenn sie nicht belästigt werden.
WALHAI Er ist der größte Fisch überhaupt. Doch trotz seiner Größe und einem bis 130 cm breiten Maul ist er harmlos, ein Planktonfiltrierer: Mit weit geöffnetem Maul gemächlich schwimmend, seiht er große Wassermengen nach Plankton durch, nimmt dabei auch kleine Fische und Krebse auf. Häufig werden Walhaie von anderen Fischen begleitet, darunter Stachelmakrelen, Kobias und Schiffshalter.
LEOPARDENHAI Tagsüber meist auf dem Grund ruhend, geht dieser unverwechselbare Hai nachts im Riff und auf angrenzenden Sandflächen auf Nahrungssuche. Er frisst Muscheln und Schnecken, daneben auch Krebstiere und Knochenfische. Wegen der Streifenmuster der Jungtiere wird die Art auch Zebrahai genannt.
AMMENHAIE Die mit Geschmackssensoren übersäten Barteln helfen Ammenhaien beim Aufspüren der Beute. Sie fressen nachts Kraken, Krebse, Fische, Seeigel und sogar Seeschlangen. Hartschalige Tiere zertrümmern sie mit ihren kräftigen Kiefern.

1 | Walhai *Rhincodon typus*
—Walhaie Rhincodontidae

EN—Whale shark | **FR**—Requin baleine

GRÖSSE 1200 cm
BIOLOGIE Tag- und nachtaktiv, nicht scheu; 1–130 m. Jungtiere in kleinen Gruppen, Erwachsene meist einzeln.
VERBREITUNG zirkumtropisch

2 | Zebrahai *Stegostoma fasciatum*
—Zebrahaie Stegostomatidae

EN—Zebra shark | **FR**—Requin zèbre

GRÖSSE max. 350 cm
BIOLOGIE Oft auf riffnahen Sand- und Geröllflächen; 1–65 m. Jungtiere selten zu sehen, leben vermutlich tiefer als 50 Meter.
VERBREITUNG Rotes Meer bis Samoa

3 | Gewöhnlicher Ammenhai *Nebrius ferrugineus*
—Ammenhaie Ginglymostomatidae

EN—Tawny nurse shark | **FR**—Requin nourrice fauve

GRÖSSE 320 cm
BIOLOGIE Oft standorttreu, wenn ungestört; 1–70. Tagsüber meist ruhend in Höhlen oder unter Überhängen.
VERBREITUNG Rotes Meer bis Frz.-Polynesien

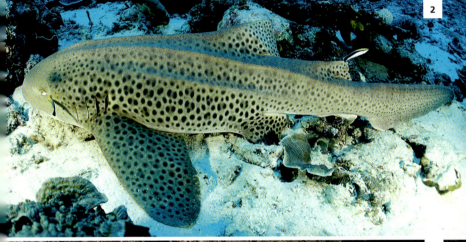

Grundhaie

GRUNDHAIE — CARCHARHINIDAE
Grund- oder Menschenhaie sind gewandte, schnelle Schwimmer. Die hier gezeigten sind typische Riffbewohner und vielerorts regelmäßig zu beobachten.
Der **SCHWARZSPITZEN-RIFFHAI** ist bereits im oberen Zehnmeterbereich anzutreffen. Häufig jagt er auf dem Riffdach, wobei oftmals seine Rückenflosse aus dem Wasser ragt. Besonders Jungtiere schwimmen auch in weniger als knietiefe Bereiche. Der **WEISSSPITZENRIFFHAI** kreuzt auch tagsüber durch sein Revier, ist jedoch generell nachts aktiver. Meist ruht er am Tag einzeln, paarweise oder in kleinen Gruppen an Stammplätzen, etwa unter Überhängen oder in Höhlen, an tieferen Stellen auch auf freien Sandflächen. Die Tiere können mindestens 25 Jahre alt werden. Der **GRAUE RIFFHAI** ist territorial und besitzt ein großes Heimrevier. In der Hierarchie am Riff steht er über Schwarz- und Weißspitzen-Riffhai, ist sozusagen der Platzhirsch. Er macht Jagd auf Knochenfische wie Muränen, Soldaten- und Doktorfische; daneben erbeutet er auch Kopffüßer und größere Krebse.

1 | Schwarzspitzen-Riffhai *Carcharhinus melanopterus*
— Grundhaie Carcharhinidae

EN—Blacktip reef shark I **FR**—Requin à pointes noires

GRÖSSE 180 cm
BIOLOGIE Einzeln oder in Gruppen; scheu; frisst Riff- und Tintenfische; 0–75 m.
VERBREITUNG Rotes Meer bis Frz.-Polynesien

2 | Weißspitzen-Riffhai *Triaenodon obesus*
— Grundhaie Carcharhinidae

EN—Whitetip reef shark I **FR**—Requin à pointes blanches

GRÖSSE 180 cm
BIOLOGIE Frisst Riff- und Tintenfische. Zwängt sich auf der Beutesuche selbst in kleine Riffspalten. Nicht aggressiv, eher scheu; 1-330 m.
VERBREITUNG Rotes Meer bis Panama

3 | Grauer Riffhai *Carcharhinus amblyrhynchos*
— Grundhaie Carcharhinidae

EN—Grey reef shark I **FR**—Requin gris de récif

GRÖSSE 180 cm
BIOLOGIE An Außenriffen, Riffkanälen, gern in stärkerer Strömung; zeigt im Pazifik stellenweise Drohverhalten; 1–275 m.
VERBREITUNG Rotes Meer bis Osterinsel

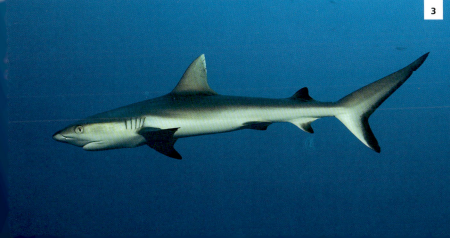

Rochen

ROCHEN—BATOIDEI
Rochen sind Knorpelfische mit einem abgeflachten, scheibenförmigen Körper. Die meisten sind typische Bodenbewohner und schon in sehr flachem Wasser auf Sandböden anzutreffen. Nicht selten graben sie sich auch ein. Oft liegen dann nur noch die Augen und Atemlöcher frei. Sie schwimmen mit wellenförmigen Bewegungen des Körpersaums, wobei sie meist dicht über dem Grund bleiben.
FLUGKÜNSTLER Anders die Teufels-, Adler- und Kuhnasenrochen. Sie haben sich von der bodenorientierten Lebensweise gelöst. Es sind elegante, ausdauernde Schwimmer und »fliegen« mit vogelschwingenartigen Bewegungen ihrer breiten, dreieckigen Brustflossen weite Strecken durchs freie Wasser. Der Manta ist ein Planktonfiltrierer und mit mindestens 1,5 Tonnen der größte aller Rochen.
SCHWERTKÄMPFER Im Gegensatz zu diesem harmlosen Riesen besitzen Stachel- oder Stechrochen auf der Oberseite des Schwanzes einen oder mehrere Giftstacheln – eine gefährliche Verteidigungswaffe.

1 | Gefleckter Adlerrochen *Aetobatus narinari*
—Adlerrochen Myliobatidae

EN—Spotted eagle ray | **FR**—Aigle de mer-léopard

GRÖSSE 230 cm Spannweite
BIOLOGIE Einzeln, paarweise oder in Schulen bis 200 Tieren; kommt an Riffe, wühlt dort im Sand nach Weich- und Krebstieren; 1–80 m.
VERBREITUNG zirkumtropisch

2 | Manta *Manta birostris*
—Mantas und Teufelsrochen Mobulidae

EN—Manta | **FR**—Raie manta océanique

GRÖSSE bis 670 cm Spannweite
BIOLOGIE Einzeln oder in Gruppen bis zu 50 Tieren; regelmäßig an Riffen, besucht dort auch Putzerstationen; 1–50 m.
VERBREITUNG zirkumtropisch

3 | Thurstons Teufelsrochen *Mobula thurstoni*
—Mantas und Teufelsrochen Myliobatidae

EN— Thurston's Devil Ray | **FR**— Mante vampire

GRÖSSE bis 180 cm Spannweite
BIOLOGIE Pelagisch, auch in Riffnähe. Schwimmt einzeln oder in Gruppen. Filtert Planktontiere aus dem Wasser. Es gibt zwei sehr ähnliche Arten.
VERBREITUNG Zirkumtropisch

Rochen

1 | **Igelrochen** *Urogymnus asperrimus*
—Stechrochen Dasyatidae

EN—Porcupine ray I **FR**—Urogymus africanus

GRÖSSE 100 cm breit
BIOLOGIE Bewohnt geschützte Riffbereiche, ruht auf Sand, Geröll und Seegras. Tag- und nachtaktiv. Ernährt sich von Krebsen, Würmern und Fischen, darunter im Sand schlafende Lippfische. Nicht häufig, zeigt wenig Scheu; 1–120 m.
VERBREITUNG Rotes Meer und Ostafrika bis Marshall I., GBR und Fidschi

2 | **Schwarzpunkt-Stechrochen** *Taeniura meyeni*
—Stechrochen Dasyatidae

EN—Black-spotted stingray I **FR**—Pastenague à taches noires

GRÖSSE 164 cm breit
BIOLOGIE Auf Sand- und Geröllflächen von Riffen; frisst bodenlebende Fische und Wirbellose; nicht aggressiv, aber es kam schon zu fatalen Unfällen, weil Taucher auf diesen Tieren reiten wollten; 3–500 m.
VERBREITUNG Rotes Meer bis Galapagos

3 | **Kuhls Stechrochen** *Dasyatis kuhlii*
—Stechrochen Dasyatidae

EN—Kuhl's stingray I **FR**—Pastenague à points bleus

GRÖSSE 50 cm breit
BIOLOGIE Häufige Art auf Sand- oder Schlickflächen, meist in Riffnähe. Bedeckt sich oft mit Sand, ist dann sehr schwer zu sehen. Frisst im Sand lebende Wirbellose; 0,5–90 m.
VERBREITUNG Südafrika bis Samoa

Rochen

1 | **Fais Stechrochen** *Himantura fai*
—Stechrochen Dasyatidae

EN—Pink whipray I **FR**—Raie fouet

GRÖSSE Körperscheibe 150 cm
BIOLOGIE Bevorzugt auf Sand- und Geröllflächen in Lagunen und Außenriffen. Meist einzeln, teils auch in Ansammlungen; 1–200 m.
VERBREITUNG Südafrika, Malediven, Indien bis NW-Australien, Marianen und Tuamotus in Frz.-Polynesien

2 | **Blaupunkt-Stechrochen** *Taeniura lymma*
—Stechrochen Dasyatidae

EN—Blue-spotted stingray I **FR**—Raie pastenague à taches bleues

GRÖSSE 35cm breit
BIOLOGIE Auf Sand- und Geröllflächen im Riff. Besucht Putzerstationen. Tag- und nachtaktiv; wühlt Weichtiere und Würmer aus dem Boden; ruht tagsüber oft unter Überhängen und Tischkorallen; 2–30 m.
VERBREITUNG Rotes Meer bis Fidschi

3 | **Panther-Torpedorochen** *Torpedo panthera*
—Torpedorochen Torpedinidae

EN—Leopard torpedo I **FR**—Torpille panthère

GRÖSSE 100 cm lang
BIOLOGIE Meist auf Sandböden; nicht selten, doch gewöhnlich eingegraben. Besitzt ein paariges Elektroorgan; betäubt am Grund lebende Fische, darunter Skorpionsfische, mittels Stromschlägen; 0,5–55 m.
VERBREITUNG Rotes Meer und Golf von Aden

Muränen

MURÄNEN—MURAENIDAE
Muränen wirken Furcht einflößend. Doch sie sind keineswegs angriffslustig. Die wenigen beschriebenen Unfälle lassen sich meist auf Fütterungen, Bedrängen oder das Harpunieren der Tiere zurückführen. Angefütterte Muränen verlieren ihre natürliche Scheu und können aufdringlich werden. Das regelmäßige Öffnen und Schließen des Mauls ist keine Drohgebärde, sondern dient der Atmung. Beim Schließen wird sauerstoffreiches Atemwasser durch den Kiemengang gepumpt und durch die kleine Kiemenöffnung hinten am Kopf herausgedrückt.
SPÜRNASEN Den Tag verbringen sie in Löchern und Spalten, schauen jedoch oft ein Stück aus ihren Schlupflöchern hervor. Nachts durchstreifen sie die Rifflandschaft nach Beutetieren. Da sie schlecht sehen, verlassen sie sich dabei vor allem auf ihren feinen Geruchssinn. Arten mit spitzen Fangzähnen fressen vorwiegend Fische, solche mit konischen Zähnen Krebse, Seeigel und Gehäuseschnecken.

1 | **Riesenmuräne** *Gymnothorax javanicus*
—Muränen Muraenidae

EN—Giant moray | **FR**—Murène géante

GRÖSSE 230 cm
BIOLOGIE Frisst Fische, auch junge Weißspitzen-Riffhaie; gelegentlich Krebse und Kraken; 1–46 m.
VERBREITUNG Rotes Meer bis Panama

2 | **Große Netzmuräne** *Gymnothorax favagineus*
—Muränen Muraenidae

EN—Honeycomb moray | **FR**—Murène léopard

GRÖSSE: 220 cm
BIOLOGIE Tag- und nachtaktive Art, nicht scheu. Außer im Riff gelegentlich auch auf offenen Seegraswiesen; 1–50 m.
VERBREITUNG südl. Rotes Meer bis Samoa

3 | **Gelbkopf-Muräne** *Gymnothorax fimbriatus*
—Muränen Muraenidae

EN—Fimbriated moray | **FR**—Murène à tête jaune

GRÖSSE 80 cm
BIOLOGIE Jagt nachts Fische und Krebse, dann öfter als tagsüber zu sehen; scheue, nervöse Art; 1–50 m.
VERBREITUNG Seychellen, Malediven bis Frz.-Polynesien

Muränen

1 | **Bartmuränen** *Gymnothorax breedeni*
—Muränen Muraenidae

EN—Blackcheek moray I **FR**—Murène à joues noires

GRÖSSE 120 cm
BIOLOGIE Bewohnt strömungsreiche Außenriffe; Vorsicht, nicht zu stark annähern: Die Art kann aggressiv werden und blitzschnell zubeißen; 4–25 m.
VERBREITUNG Komoren, Seychellen, Malediven bis Frz.-Polynesien

2 | **Weißmaulmuräne** *Gymnothorax meleagris*
—Muränen Muraenidae

EN—Whitemouth moray I **FR**—murène à bouche blanche

GRÖSSE 120 cm
BIOLOGIE Markante weiße Maulinnenseite; tag- und nachtaktiv, frisst vorwiegend Fische und Krebse; soll vom Mirakelbarsch (S. 61) nachgeahmt werden (Mimikry), ist aber nicht sicher nachgewiesen; 0,3–36 m.
VERBREITUNG Rotes Meer bis Galapagosinseln

3 | **Graue Muräne** *Gymnothorax griseus*
—Muränen Muraenidae

EN—Geometric moray I **FR**—Murène tatouée

GRÖSSE 65 cm
BIOLOGIE Bewohnt Fels- und Korallenriffe; häufige Art, tagsüber zwischen Seegras und Geröll zu sehen; Jungtiere oft in Gruppen (bis zu 10 Tiere) in einem Unterschlupf; 1–30 m.
VERBREITUNG Rotes Meer bis Westindien

Muränen

1 | Geister-Muräne *Rhinomuraena quaesita*
— Muränen Muraenidae

EN—Ribbon moray | **FR**—murène ruban

GRÖSSE 120 cm
BIOLOGIE Vollzieht während des Wachstums einen Geschlechtswechsel vom Männchen zum Weibchen: Jungtiere schwarz, Männchen (ab 65 cm) blau mit gelb, Weibchen (ab 94 cm) gelb; 1–57 m.
VERBREITUNG Ostafrika bis Frz.-Polynesien

2 | Sternfleckenmuräne *Echidna nebulosa*
— Muränen Muraenidae

EN—Starry moray | **FR**—Murène étoilée

GRÖSSE 75 cm
BIOLOGIE Vom Tidenbereich bis 30 m Tiefe. Kann kurzfristig das Wasser verlassen, um auf felsigen Strandbereichen Krabben zu erbeuten. Jungtiere halten sich öfter in Ebbetümpeln auf dem Riffdach auf. Diese Art geht nachts häufig auf freien Flächen auf die Jagd; 0–30 m.
VERBREITUNG Rotes Meer bis SW-Japan und Frz.-Polynesien.

3 | Zebra-Muräne *Gymnomuraena zebra*
— Muränen Muraenidae

EN—Zebra moray | **FR**—Murène zébrée

GRÖSSE 150 cm
BIOLOGIE Einzelgänger, bewohnt Spalten und Überhänge exponierte Riffdächer und Aussenriffhänge. Lebt einzelgängerisch, öfter teilweise aus ihrem Unterstand hervorschauend zu sehen. Ernährt sich vorwiegend von Krebstieren, daneben auch von Weichtieren und Seeigeln; 1–50 m
VERBREITUNG Rotes Meer bis Hawaii und Frz.-Polynesien

Schlangenaale

SCHLANGENAALE—OPHICHTHIDAE
Obwohl diese Familie aus ungefähr 290 Arten besteht, werden Schlangenaale von Tauchern selten beobachtet.
UNTERIRDISCH Denn die meisten Arten verbringen ihre Zeit im Sand- oder Weichboden vergraben, und nur der Kopf oder die Augen ragen heraus. Am häufigsten trifft man sie noch bei Nachttauchgängen an. Oft werden sie mit Schlangen verwechselt, doch es sind Knochenfische und am nächsten mit den Muränen verwandt. Die meisten Arten haben eine harte, schmal zulaufende Schwanzspitze. Damit können sie sich schnell rückwärts in den Sand- oder Schlammgrund eingraben und sich unter dem Sand sogar rückwärts fortbewegen. Manche Arten sehen in ihrer Färbung Seeschlangen ähnlich. Doch die Unterscheidung ist leicht: Seeschlangen haben eine sichtbar schuppige, Schlangenaale eine glatte Haut. Zudem haben sie Flossensäume und Brustflossen, die wiederum den Seeschlangen fehlen.

1 | Marmor-Schlangenaal *Calllechelys marmorata*
—Schlangenaale Ophichthidae

EN—Marbled snake eel | **FR**—Anguille-serpent marbrée

GRÖSSE 85 cm
BIOLOGIE Durch die weiße bis cremefarbene Grundfärbung mit deutlichen, unregelmäßig verteilten schwarzen Flecken gut zu identifizieren. Weitverbreitete, jedoch nicht häufige Art. Bewohnt Sandzonen in Riffen sowie Sand- und Schlammflächen in Riffnähe. Jagt nachts kleine Fische und Krebse, orientiert sich dabei mit seinem Geruchssinn; 3–25 m.
VERBREITUNG Rotes Meer bis Frz.-Polynesien

2 | Bonaparte-Schlangenaal *Ophichthys bonaparti*
—Schlangenaale Ophichthidae

EN—Napoleon snake eel | **FR**—Anguille-serpent Napoléon

GRÖSSE 75 cm
BIOLOGIE Leicht an dem attraktiven Farbmuster des Kopfes zu erkennende Art. Die Färbung des übrigen Körpers mit breiten dunklen Bändern ähnelt der von Seeschlangen. Bewohnt feinen bis groben Sand von Küsten- und Außenriffen sowie Lagunen. Gelegentlich nachts im offenen Wasser. Lauerräuber von kleinen Fischen und Tintenfischen. Beißt bei Selbstverteidigung; 1–20 m.
VERBREITUNG Ostafrika bis Frz.-Polynesien

Korallenwelse

KORALLENWELSE — PLOTOSIDAE

Von den über 3000 Welsarten leben die weitaus meisten im Süßwasser. Unter den Meeresbewohnern ist der Gestreifte Korallenwels der einzige, der beim Tauchen oder Schnorcheln gebietsweise häufiger zu sehen ist. Er frisst Bodenbewohner wie Krebs- und Weichtiere sowie Fische, die er mit seinen Barteln am Maul aufspürt. Die Männchen legen zur Fortpflanzungszeit Nester unter Felsen an und bewachen die Eier.

1 | Gestreifter Korallenwels *Plotosus lineatus*
— Korallenwelse Plotosidae

EN—Striped eel catfish | **FR**—Poisson-chat rayé

GRÖSSE 33 cm
BIOLOGIE Bewohnt Lagunen, Küstenriffe und Seegraswiesen. Jungtiere bilden dichte, kugelförmige Schulen (»rollende Welsbälle«), die durch Duftstoffe (Pheromone) zusammengehalten werden. Erwachsene einzeln oder in kleinen Gruppen. Vorsicht, Tiere nicht versuchen anzufassen: Brust- und Bauchflossen haben Giftstachel, die starke, in seltenen Fällen gefährliche Vergiftungen hervorrufen; 1–60 m.
VERBREITUNG Rotes Meer bis Samoa

EIDECHSENFISCHE — SYNODONTIDAE

Die kleinen Lauerräuber mit großem Maul und vielen spitzen Zähnen sind in den meisten Gebieten häufig. Taucher lassen sie bei vorsichtiger Annäherung recht nah heran, flüchten jedoch im letzten Moment, um sich wenige Meter weiter wieder niederzulassen. Regungslos auf Sand- und Geröllgrund, Fels oder Korallen liegend, erbeuten sie im blitzschnellen Vorstoß kleine Fische, die sie im Ganzen verschlingen.

2 | Zweifleck-Eidechsenfisch *Synodus binotatus*
— Eidechsenfische Synodontidae

EN—Two-spot lizardfish | **FR**—Anoli à deux taches

GRÖSSE 13 cm
BIOLOGIE Eidechsenfische können sich farblich dem jeweiligen Untergrund anpassen, so auch diese Art, und sind dann mit ihrem Fleckenmuster leicht zu übersehen. Die variable Färbung macht es schwer, die verschiedenen, ziemlich ähnlichen Arten im Riff zu unterscheiden: Bei dieser Art helfen die zwei schwarzen Punkte auf der Schnauzenspitze bei der Bestimmung; in 1–30 m.
VERBREITUNG Golf von Aden, Malediven bis Hawaii und Tonga

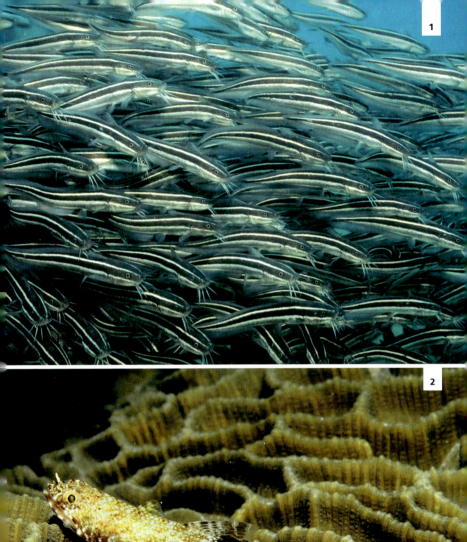

Anglerfische

ANGLERFISCHE—ANTENNARIIDAE

Anglerfische sind farbenfroh und doch bestens getarnt: Sie verschmelzen perfekt mit ihrer Umgebung oder ähneln etwa einem Schwamm. Bei Bedarf ändern sie ihr Farbmuster innerhalb von Tagen.

TRICKBETRÜGER Über der Oberlippe sitzt eine bewegliche Angelrute mit fleischiger Köderattrappe am Ende. Ein von diesem vermeintlich schmackhaften Happen angelockter Räuber schwimmt direkt vor das Maul des Anglerfisches.

FAST FOOD Einzigartig ist die Rasanz, mit der Anglerfische ihr Maul aufreißen und das Opfer einsaugen; das dauert gerade mal sechs Tausendstelsekunden – das ist Weltrekord! Kein anderes Wirbeltier kann so schnell seine Beute schnappen.

ZEITLUPE Auf ihren Brust- und Bauchflossen können sie über den Grund laufen, in zwei Gangarten: Schreiten in Kreuzgangart und Galopp. Letzterer ist allerdings der langsamste im gesamten Tierreich. Kurze Strecken schwimmen sie nach dem Rückstoßprinzip. Sie saugen Wasser ins Maul und stoßen es durch die düsenähnlichen Kiemenöffnungen aus. Auch ihr Düsenantrieb ist wohl der langsamste überhaupt.

1 | Riesen-Anglerfisch *Antennarius commersoni*
—Anglerfische Antennariidae

EN—Giant frogfish | **FR**—Grenouille de Commerson

GRÖSSE 30 cm
BIOLOGIE Größte Art. Sehr farbvariabel, bekannt sind zum Beispiel weiße, gelbe, rosa, rote, orange, grünliche, braune und schwarze Exemplare; oft sind sie durchgehend einfarbig, teils auch mit andersfarbigen, krustig aussehenden Flecken. Häufig unter Überhängen und sehr gern auch in Schwämmen. Einzeln oder paarweise; 1–70 m.
VERBREITUNG Rotes Meer bis Panama

2 | Rundflecken-Anglerfisch *Antennarius pictus*
—Anglerfische Antennariidae

EN—Painted frogfish | **FR**—Laffe cochon

GRÖSSE 21 cm
BIOLOGIE Sehr variable Art, mit lokalen Farbvarianten und eventuell Unterarten; Identifizierung daher oft schwierig. Kann mit seiner Hautstruktur Schwämme täuschend nachahmen, einschließlich der Ein- und Ausströmöffnungen (s. Foto). Häufig auf Schwämmen anzutreffen, auch auf lebenden Korallen, Geröll sowie auf Sand und Schlamm. Frisst auch Feuerfische; 1–70 m.
VERBREITUNG Rotes Meer bis Frz.-Polynesien

Soldaten- und Husarenfische

SOLDATEN- UND HUSARENFISCHE — HOLOCENTRIDAE
ROTGARDISTEN Die Farbe Rot dominiert bei den meisten Arten dieser Familie, die in zwei Unterfamilien aufgeteilt werden: Soldatenfische und Husarenfische. Alle haben zudem große Augen und deutlich sichtbare Schuppen. Auffälligste Unterschiede: spitz zulaufender Kopf und kräftiger Kiemendeckelstachel bei Husarenfischen, stumpf abgerundeter Kopf und keinen oder nur sehr kleinen Stachel bei Soldatenfischen.
LICHTSCHEU Diese Fische sind vor allem nachts aktiv, daher auch die großen, lichtempfindlichen Augen. Trotz ihrer nächtlichen Aktivität lassen sie sich tagsüber leicht aus der Nähe beobachten. Denn dann stehen sie mit ruhigen Bewegungen im Schutz von Höhlen, Überhängen oder unter Tischkorallen. Manche Arten trifft man einzeln an, andere in kleinen Gruppen, und einige bilden dichte Schwärme. Zur Nacht verlassen sie ihre Unterstände. Soldatenfische jagen dann im Freiwasser nach Zooplankton. Husarenfische ernähren sich von bodenlebenden Tieren wie Krebsen, Würmern, aber auch von kleinen Fischen.

1 | Großdorn-Husar *Sargocentron spiniferum*
—Soldaten- und Husarenfische Holocentridae

EN—Sabre squirrelfish I **FR**—Lion baroque

GRÖSSE 45 cm
BIOLOGIE Größte Art; tagsüber unter Überhängen; nicht scheu, lässt Taucher nah heran, 1–122 m.
VERBREITUNG Rotes Meer bis Hawaii und Australien

2 | Weißspitzen-Soldatenfisch *Myripristis vittata*
—Soldaten- und Husarenfische Holocentridae

EN—Whitetip soldierfish I **FR**—Soldat à bord blanc

GRÖSSE 20 cm
BIOLOGIE Tagsüber häufig in größeren, dichten Ansammlungen unter Überhängen, meist an Außenriffhängen; 15–80 m.
VERBREITUNG Ostafrika bis Frz.-Polynesien

3 | Blutfleck-Husar *Neoniphon sammara*
—Soldaten- und Husarenfische Holocentridae

EN—Spotfin squirrelfish I **FR**—Écureuil tacheté

GRÖSSE 32 cm
BIOLOGIE Häufig, wenig scheu. Schwebt oft gut sichtbar über Geweihkorallen und zwischen Felsen; 2–45 m.
VERBREITUNG Rotes Meer bis Hawaii und Frz.-Polynesien

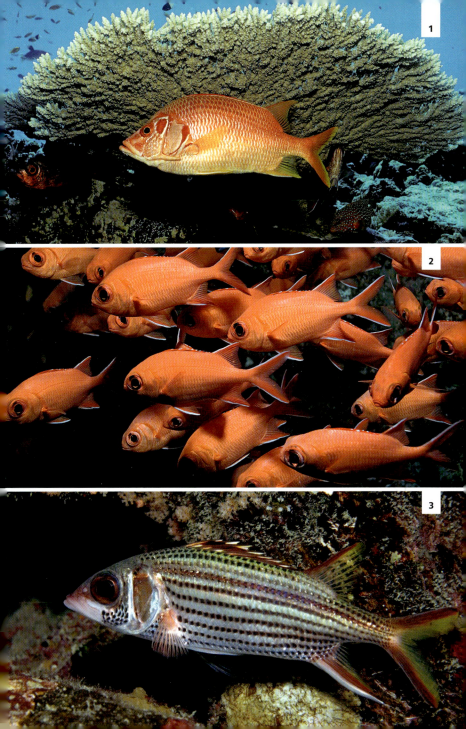

Flötenfische | Trompetenfische

FLÖTENFISCHE — FISTULARIIDAE
Der extrem lang gestreckte Flötenfisch pirscht sich an kleine Fische an und schnappt mit einem überraschenden Vorstoß zu. Mit seiner dünnen Röhrenschnauze kann er nur relativ kleine Beute wie mit einer Pipette einsaugen. Seine Färbung vermag er sekundenschnell von silbrig grün zu sehr blass- oder dunkelgraubraun ändern.

1 Flötenfisch *Fistularia commersonii*
— Flötenfische Fistulariidae

EN—Bluespotted Cornetfish I **FR**—Trompette

GRÖSSE 150 cm
BIOLOGIE Streift einzeln oder in lockeren Gruppen übers Riff. Als Nahrung dienen ihm kleine Fische und Krebse. Seine Nachtfärbung zeigt ein verwaschenes Bindenmuster. Gelegentlich schwimmt er »huckepack« im Sichtschatten größerer Fische, um unbemerkt an kleine Fische heranzukommen; nicht selten begleitet er so auch Taucher; 1–128 m.
VERBREITUNG Rotes Meer bis Panama

TROMPETENFISCHE — AULOSTOMIDAE
Nah verwandt mit dem Flötenfisch, haben Trompetenfische die gleiche Jagdtechnik wie dieser, einschließlich der List, dicht neben einem anderen Fisch zu schwimmen, sodass ihre Beute sie erst zu spät bemerkt. Unterschiedliche Färbung bei Jung- und Alttieren. Individuen können Farbmuster wechseln; gebietsweise häufig ist zudem eine gelbe (xanthische) Farbvariante.

2 Trompetenfisch *Aulostomus chinensis*
— Trompetenfische Aulostomidae

EN—Trumpetfish I **FR**—Trompette chinoise

GRÖSSE 80 cm
BIOLOGIE Meist einzeln, manchmal auch in lockeren Paaren. Steht gelegentlich zur Tarnung senkrecht zwischen Hornkorallen. Die Familie der Trompetenfische besteht nur aus zwei Arten: Neben der hier gezeigten indopazifischen gibt es eine zweite, die im Atlantik einschließlich der Karibik vorkommt; 1–122 m.
VERBREITUNG Südafrika bis Panama

Hornhechte | Flügelrossfische

HORNHECHTE—BELONIDAE
Hornhechte sind sehr lang gestreckte Raubfische mit spitzer Schnauze und vielen nadelähnlichen Zähnen. Sie leben im Oberflächenwasser, erbeuten kleine Fische und sind mit ihrer silbrigbläulichen Färbung gut getarnt. Um Feinden zu entkommen, können sie sich mit unglaublicher Geschwindigkeit aus dem Wasser katapultieren.

1 | Krokodil-Hornhecht *Tylosurs crocodilus*
—Hornhechte Belonidae

EN—Crocodile houndfish I **FR**—Orphie crocodile

GRÖSSE 135 cm
BIOLOGIE Bewohnt Küstengewässer; schwimmt gewöhnlich dicht unter der Wasseroberfläche; kann aus dem Wasser springen und dann mithilfe seiner Schwanzflosse über die Oberfläche schlittern; größte Art seiner Familie. Stürzen sich nachts gelegentlich auf Fischleuchten und haben dabei schon Angler und Fischer verletzt. Unter Wasser sind diese Fische friedlich.
VERBREITUNG zirkumtropisch

FLÜGELROSSFISCHE—PEGASIDAE
Die kleinen Bodenfische haben ihren Namen von den flügelartigen Brustflossen. Sie bewegen sich jedoch vor allem kriechend über den Grund fort. Wegen ihrer Körperpanzerung können sie nur den Schwanz bewegen. Als Nahrung dienen ihnen winzige Wirbellose. Bei Beunruhigung spreizen sie die Brustflossen flügelartig ab.

2 | Zwerg-Flügelrossfisch *Eurypegasus draconis*
—Flügelrossfische Pegasidae

EN—Little dragonfish I **FR**—Dragon de mer

GRÖSSE 8 cm
BIOLOGIE Bewohnt geschützte Bereiche wie Lagunen und ruhige Buchten, auf Sand, Weich- und Geröllböden, häufig eingegraben. Gelegentlich paarweise während der Balz zu sehen. Die Färbung ist variabel, abhängig vom Untergrund, Weißlich auf hellem Sand bis Dunkelbraun auf eben solchem Boden; 1–90 m.
VERBREITUNG Rotes Meer bis Frz.-Polynesien

Geisterpfeifenfische

GEISTERPFEIFENFISCHE — SOLENOSTOMIDAE

Nur fünf Arten sind von dieser kleinen, interessanten Familie bekannt. Sie sind hervorragend getarnt, werden daher meist übersehen. Selbst wenn ein Tauchguide die Aufmerksamkeit seiner Gruppe auf einen Federstern lenkt, braucht es meist eine Weile, den gemeinten Harlekin-Geisterpfeifenfisch wahrzunehmen. Die Suche nach diesen Tieren gleicht oft derjenigen nach der Stecknadel im Heuhaufen. Die fünfte Art wurde wegen dieser heimlichen Lebensweise auch erst im Jahr 2002 entdeckt und von Meeresbiologen beschrieben. Die Weibchen werden grundsätzlich größer als die Männchen, und anders als bei den verwandten Seenadeln und Seepferdchen tragen sie die Brut aus. Dazu haben die Weibchen eine aus den Bauchflossen gebildete Bruttasche, die einige Hundert Eier enthalten kann. Nach 10 bis 20 Tagen schlüpfen die dann noch durchsichtigen Larven. Als Nahung dienen den Geisterpfeifenfischen vor allem winzige Garnelen und Flohkrebse, die sie mit ihrem Röhrenmaul einsaugen.

1 | Seegras-Geisterpfeifenfisch
Solenostomus cyanopterus
— Geisterpfeifenfische Solenostomidae

EN—Robust ghost pipefish | **FR**—Poisson-fantôme robuste

GRÖSSE 15 cm
BIOLOGIE Färbung variabel: Grün, Gelb, Grau, oder Dunkelbraun. Ahmen Seegras nach, wobei die braunen Exemplare meist helle Sprenkel tragen, die dem krustigen Aufwuchs auf abgestorbenen Seegrasblättern gleichen. Können hin und her schaukeln, wie tote Seegrasblätter im Wellengang. Meist paarweise, auf Sandgrund, zwischen Algen und Seegras; 0,2–20 m.
VERBREITUNG Rotes Meer bis Fidschi

2 | Harlekin-Geisterpfeifenfisch
Solenostomus paradoxus
— Geisterpfeifenfische Solenostomidae

EN—Ornate ghost pipefish | **FR**—

GRÖSSE 11 cm
BIOLOGIE Viele bizarre, fetzige Hautanhänge; Färbung variabel: Grundfärbung oft Rot bis Gelblich oder fast Schwarz mit weißen oder gelben Markierungen. Leben meist im Schutz von Haarsternen, Schwarzen Korallen, Horn- und Weichkorallen. Schwimmen meist schräg mit dem Kopf nach unten; häufig paarweise anzutreffen, zeitweise auch in kleinen Gruppen; 2–30 m.
VERBREITUNG Rotes Meer bis Fidschi

Seepferdchen

SEEPFERDCHEN — SYNGNATHIDAE
Mit ihrer so ganz und gar fischuntypischen Gestalt gehören Seepferdchen zu den merkwürdigsten Flossenträgern. Ihr schuppenloser Körper ist durch knöcherne Hautringe gepanzert. Seepferdchen sind langsame Schwimmer, die mit leichten Bewegungen der Rückenflosse durchs Wasser schweben. Sie haben einen langen Greifschwanz, der spiralig aufgerollt werden kann. Häufig klammern sie sich mit ihm an Seegräsern, Hornkorallen oder anderem Bewuchs fest. Außer zum Festhalten dient der Schwanz beim Schwimmen als Steuer.
ROLLENTAUSCH Bei Seepferdchen sind die Männchen für das Ausbrüten der Eier zuständig. Die Fortpflanzung geht mit einem langen und komplexen Balzritual einher, das bis zu drei Tagen dauern kann. Schließlich legt das Weibchen je nach Art bis zu 150 Eier in die Bruttasche am Bauch des Männchens. Dort werden sie vom Männchen befruchtet und mehrere Wochen bebrütet. Sind die Jungfische schließlich aus den Eiern geschlüpft, presst sie das Männchen durch starke Pumpbewegungen aus einer kleinen Öffnung der Bauchtasche ins Freie.

1 | Kuda-Seepferdchen *Hippocampus kuda*
— Seepferdchen Syngnathidae

EN—Common seahorse | **FR**—Hippocampe d'estuaire

GRÖSSE 15 cm
BIOLOGIE An flachen Küstenriffen, auch in Seegras, Ästuaren, Häfen und Brackwasser; 2–55 m. Die Färbung ist variabel, kann außer gelb auch dunkelbraun bis schwarz sein.
VERBREITUNG Indien bis Hawaii und Frz.-Polynesien

2 | Zwerg-Seepferdchen *Hippocampus bargibanti*
— Seepferdchen Syngnathidae

EN—Pygmy seahorse | **FR**—Hippocampus bargibanti

GRÖSSE 2 cm
BIOLOGIE Lebt auf Muricella-Hornkorallen. Ahmt mit seinen knolligen Hauttuberkeln die geschlossenen Korallenpolypen nach. Sitzt es auf der Orangen Muricella (*M. paraplectana*), hat es orange Tuberkel, auf der Roten Muricella (*M. plectana*) hat es rote Tuberkeln (s. Foto). Bild rechts: perfekt getarnt! (Tier in Originalgröße); 15–50 m.
VERBREITUNG Südjapan, Philippinen, Indonesien, Nordaustralien; evtl. noch weiter verbreitet

Seenadeln | Flügelrossfische

SEENADELN—SYNGNATHINDAE
Seenadeln bilden zusammen mit den Seepferdchen eine Familie. Sie fressen bodenlebende Wirbellose und Zooplankton, manche größere Arten auch Jungfische. Die Beutefische müssen allerdings sehr klein sein. Da Seenadeln keine Zähne besitzen, wird die Beute mit dem pipettenförmigen Maul eingesaugt und im Ganzen geschluckt.

1 | Netz-Seenadel *Corythoichthys flavofasciatus*
—Seenadeln Syngnathindae

EN—Network pipefish I **FR**—Syngnathe à traits jaunes

GRÖSSE 15 cm
BIOLOGIE Bei Seenadeln übernehmen die Männchen das Ausbrüten der Eier. Diese werden nach ausgiebigem Balzzeremoniell vom Weibchen auf die Bauchunterseite des Männchens übertragen. Bei einigen Arten liegen die Eier in einer schützenden Hautfalte, bei anderen frei und gut sichtbar am Bauch des Männchens. Nach etwa vier Wochen Brutzeit schlüpfen die Jungen; 1–25 m.
VERBREITUNG Rotes Meer bis Malediven

SCHNEPFENMESSERFISCHE—CENTRISCIDAE
Diese Familie besteht aus nur vier Arten. Davon sind zwei Tiefseeformen, die beiden anderen in Riffen gebietsweise regelmäßig anzutreffen. Wegen ihres scharfen, aus Knochenplatten gebildeten Bauchkiels werden sie auch Rasiermesserfische genannt. Mit ihrem zahnlosen Pipettenmaul saugen sie Planktontierchen aus dem Wasser ein.

2 | Gestreifter Schnepfenmesserfisch
Aeoliscus strigatus
—Schnepfenmesserfische Centriscidae

EN—Coral razorfish I **FR**—Poisson-couteau

GRÖSSE 15 cm
BIOLOGIE Schwimmt in Bodennähe, teils in Schulen bis hundert Tieren, stets senkrecht mit dem Kopf nach unten. Nur bei Gefahr fliehen sie in horizontaler Körperhaltung, wechseln aber nach kurzer Strecke wieder in die vertikale. Gern stehen sie kopfüber zwischen buschförmigen Hornkorallen oder im Schutz langstachliger Seeigel; 0,5 bis mind. 20 m.
VERBREITUNG Aldabra und Seychellen bis Neukaledonien

Feuerfische

FEUERFISCHE — PTEROINAE
Feuerfische sind auffallend prächtige Fische. Oft ziehen sie langsam, geradezu majestätisch über das Riff. Oder schweben gelassen, mit minimalen Bewegungen auf der Stelle. Ohne Scheu nähern sie sich gelegentlich sogar ruhig an einer Stelle verharrenden Tauchern – bis auf Berührungsdistanz!
GEFÄHRLICHE SCHÖNHEITEN Viele der auffälligen Flossenstrahlen sind giftig. Zwar sind keine Todesfälle bekannt und das Gift nicht so gefährlich wie manchmal behauptet, doch zu einer sehr schmerzhaften Vergiftung reicht es allemal. Bei Versuchen, heranschwimmende Tiere zu verscheuchen, verletzt man sich leicht. Und fühlen sie sich bedroht, können sie ruckartig mit vorgespreizten Stachelstrahlen zustechen. Klüger ist es, sich bei zu großer Nähe einfach ein Stück von den Tieren zu entfernen. Feuerfische nutzen ihre Giftstachel zur Verteidigung, nicht zum Beutefang. Sie fressen kleine Fische und Krebse. Mit ihrer typischen Jagdtechnik treiben sie kleinere Fische in die Enge, wobei sie geschickt ihre übergroßen Brustflossen wie Sperrnetze einsetzen.

1 | Indischer Rotfeuerfisch *Pterois miles*
— Feuerfische Pteroinae

EN—Common lionfish I **FR**—Poisson-scorpion commun

GRÖSSE 38 cm
BIOLOGIE Oft im Bereich von Überhängen, Höhlungen und in Wracks. Jagt bei Sonnenuntergang und nachts Fische, Krabben und Garnelen. Treibt seine Beute mit aufgefächerten Brustflossen in die Enge. Einzeln oder in kleinen Gruppen; 1–60 m.
VERBREITUNG Rotes Meer bis Bali und Sumbawe. Der sehr ähnliche Rotfeuerfisch (*P. volitans*) ist vom Golf von Thailand bis zu den Pitcairninseln verbreitet.

2 | Antennen-Feuerfisch *Pterois antennata*
— Feuerfische Pteroinae

EN—Spotfin lionfish I **FR**—Laffe volant

GRÖSSE 20 cm
BIOLOGIE Häufige Art; leicht zu erkennen an den langen, weitgehend frei stehenden Brustflossenstrahlen, die an ihrer Basis mit einem schwarz gepunkteten Membran verbunden sind. Gewöhnlich unter Überhängen und in Höhlungen. Einzeln oder in kleinen Gruppen. Tagsüber meist inaktiv. Jagt am späten Nachmittag und nachts Garnelen und Krabben; 1–50 m.
VERBREITUNG Ostafrika; Malediven bis Frz.-Polynesien

Feuerfische

1 | **Kurzflossen-Feuerfisch** *Dendrochirus brachypterus*
—Feuerfische Pteroinae

EN—Shortfin lionfish I **FR**—Ptérois nain

GRÖSSE 15 cm
BIOLOGIE Lauert meist an der Basis frei stehender Korallenblöcke oder Felsen; einzeln oder in Harems mit bis zu 10 Weibchen; 2–80 m.
VERBREITUNG Rotes Meer bis Samoa

2 | **Mombasa-Feuerfisch** *Pterois mombasae*
—Feuerfische Pteroinae

EN—Mombassa lionfish I **FR**—Laffe mombaise

GRÖSSE 19 cm
BIOLOGIE Brustflossenstrahlen mit einer dunkel gefleckten Membran. Bevorzugt Areale mit Weichkorallen und Schwämmen an tiefen Außenriffen; 10–60 m, selten oberhalb 20 m.
VERBREITUNG Rotes Meer (selten) bis Papua -Neuguinea

3 | **Zweifleck-Feuerfisch** *Dendrochirus biocellatus*
—Feuerfische Pteroinae

EN—Twinspot lionfish I **FR**—Ptérois ocellé

GRÖSSE 10,5 cm
BIOLOGIE Augenflecken in der Rückenflosse. Bewohnt korallenreiche Riffe. Scheu, hält sich tagsüber versteckt. Nachts auf Beutejagd, meist nur dann zu sehen; 1 bis mind. 40 m.
VERBREITUNG Mauritius bis Gesellschaftsinseln

Drachenköpfe

DRACHENKÖPFE — SCORPAENINAE
Als typische Bodenbewohner liegen Drachenköpfe die meiste Zeit auf dem Untergrund. Müssen sie auch, haben sie doch eine weitgehend zurückgebildete Schwimmblase und sind schlechte Schwimmer. Sie schwimmen nur äußerst ungern, und dann auch nur einige Meter weit, um gleich darauf wieder auf den Untergrund zu sinken.
SCHNELLSTARTER Trotz ihres behäbigen Aussehens können sie außerordentlich schnell vorschießen, zählen zu den Beschleunigungsspezialisten unter den Fischen. So warten sie als Lauerräuber reglos und gut getarnt auf nah vorbeikommende Beute. Dann ist Schluss mit träge: Im plötzlichen, rasanten Vorstoß und blitzschnellen Aufreißen des großen Mauls wird das überrumpelte Opfer eingesaugt. Drachenköpfe besitzen giftige Flossenstacheln, weshalb viele Arten auch Skorpionsfische genannt werden. Sie setzen die Stacheln jedoch nicht beim Beutefang ein, sondern nur zur eigenen Verteidigung. Eine Vergiftung ist für Menschen schmerzhaft, aber in der Regel nicht gefährlich.

1 | Fransen-Drachenkopf *Scorpaenopsis oxycephala*
— Drachenköpfe Scorpaeninae

EN—Tasseled scorpionfish   I   **FR**—Poisson-scorpion à houppes

GRÖSSE 36 cm
BIOLOGIE Kann wie andere Arten auch seine Färbung sekundenschnell an den jeweiligen Untergrund anpassen; 1–43 m.
VERBREITUNG Rotes Meer bis Great Barrier Reef

2 | Buckel-Drachenkopf *Scorpaenopsis diabolus*
— Drachenköpfe Scorpaeninae

EN—Devil scorpionfish   I   **FR**—Poisson-scorpion diable

GRÖSSE 30 cm
BIOLOGIE Häufig mit Steinfisch verwechselt; zeigt bei Belästigung farbige Innenseite der Brustflossen; 1–70 m.
VERBREITUNG Rotes Meer bis Hawaii und Frz.-Polynesien

3 | Schaukelfisch *Taenionatus triacanthus*
— Drachenköpfe Scorpaeninae

EN—Leaf scorpionfish   I   **FR**—Poisson-feuille

GRÖSSE 12 cm
BIOLOGIE Sehr farbvariabel; ahmt durch seitliches Schwanken ein in der Dünung schaukelndes Blatt nach; 1–134 m.
VERBREITUNG Ostafrika bis Galapagos

Steinfische | Teufelsfische

STEINFISCHE—SYNANCEINAE
TRETMINEN Vorsicht, giftigster Fisch überhaupt! Die giftigen Flossenstacheln dienen nur der Verteidigung, die Tiere zeigen keinerlei Scheu, sind kaum aufzuscheuchen. Die Gefahr besteht darin, unbeabsichtigt auf einen Steinfisch zu treten oder gegen ihn zu stoßen. Wenn auch selten tödlich, sind Vergiftungen äußerst schmerzhaft.

1 | Echter Steinfisch *Synanceia verrucosa*
—Steinfisch Synanceinae

EN—Reef stonefish | **FR**—Poisson pierre commun

GRÖSSE 38 cm
BIOLOGIE Steinfische sind Meister der Tarnung und machen ihrem Name Ehre. Ihre Jagdstrategie: sitzen und warten. Bewegungslos können sie tagelang auf derselben Stelle ausharren. Kommt ein ahnungsloser Beutefisch in Reichweite, reißt der Lauerräuber blitzschnell sein riesiges Maul auf und saugt das Opfer ein; manchmal liegen mehrere Tiere zusammen (Foto: 3 Tiere); 0,3–45 m.
VERBREITUNG Rotes Meer bis Frz.-Polynesien

TEUFELSFISCHE—CHORIDACTYLINAE
STICHHALTIG Ihr Name verheißt nichts Gutes. Tatsächlich haben Teufelsfische stark giftige Flossenstacheln. Sie leben auf Sand- und Geröllgrund, graben sich oft bis auf die Augen ein und warten auf vorbeischwimmende Beutefische. Sie schwimmen kaum, kriechen lieber mithilfe krallenartiger Brustflossenstrahlen über den Boden.

2 | Finger-Teufelsfisch *Inimicus didactylus*
—Teufelsfische Choridactylinae

EN—Spiny devilfish | **FR**—Inimicus didactylus

GRÖSSE 19 cm
BIOLOGIE In Ruhestellung legen Teufelsfische ihre Brustflossen an und falten die Schwanzflosse zum Körper hin. So sind sie gut getarnt und nur schwer zu entdecken. Bei Bedrohung breiten sie die Brustflossen aus und richten die Schwanzflosse auf. Dadurch werden deren leuchtende Farben als Warnung sichtbar. In Abständen von Monaten können sie sich häuten; 5–40 m.
VERBREITUNG Andamanensee bis Vanuatu

Stirnflosser | Plattköpfe

STIRNFLOSSER — TETRAROGIDAE
Stirnflosser gehören zum Verwandtschaftskreis der Skorpionsfische und haben ebenfalls giftige Flossenstacheln. Auffälliges Merkmal ist ihre bereits vor dem Auge auf der Stirn beginnende Rückenflosse. Die meisten bewohnen Weichböden und sind mit mindestens 28 Arten in flachen, tropischen Gewässern des Indopazifik vertreten.

1 | Kakadu-Stirnflosser *Ablabys taenianotus*
— Stirnflosser Tetrarogidae

EN—Cockatoo waspfish | **FR**—Laffe de fond

GRÖSSE 15 cm
BIOLOGIE Färbung variabel, Gelb bis Schokoladenbraun, das Gesicht manchmal in Kontrastfarbe zum übrigen Körper. Kann mit seinen Brustflossen über den Grund kriechen. Bewohnt geschützte Sand-, Schlamm- und Geröllböden. Ist einzeln oder paarweise anzutreffen. Schaukelt zur Tarnung seitwärts, um ein abgestorbenes Blatt nachzuahmen.
VERBREITUNG Andamanensee (Thailand) bis Fidschi und Südostaustralien

PLATTKÖPFE — PLATYCEPHALIDAE
Plattköpfe sind typische Bodenbewohner ohne Schwimmblase. Tagsüber graben sich viele dieser Lauerräuber zur besseren Tarnung in den Sandboden ein. Dazu legen sie sich auf den Grund und machen mit dem ganzen Körper seitliche Rüttelbewegungen. Der aufgewirbelte Sand legt sich beim Absinken gleichmäßig über die Körperoberfläche.

2 | Gemeiner Krokodilsfisch *Papilloculiceps longiceps*
— Plattköpfe Platycephalidae

EN—Tentacled flathead | **FR**—Poisson-crocodile tapis

GRÖSSE 100 cm
BIOLOGIE Nicht selten mehr oder weniger mit Sand bedeckt. Wenig scheu. Erbeutet Garnelen, Krabben und Fische. Kann Letztere mit einem »Senkrechtstart« auch schnappen, wenn sie bis etwa einen Meter über den Boden schwimmen. Auge mit netzartigem, in seiner Ausdehnung veränderbarem Vorhang als Schutz gegen UV-Strahlen.
VERBREITUNG Rotes Meer bis Oman; eine sehr ähnliche Art bis Frz.-Polynesien verbreitet

Flughähne | Sterngucker

FLUGHÄHNE — DACTYLOPTERIDAE
Eigentlich laufen sie mehr, als dass sie fliegen. Mit ihren abgewandelten Bauchflossen gehen oder besser kriechen Flughähne über den Grund. Ihre riesigen fächerartigen Brustflossen breiten sie bei Bedrohung aus. Sie können dann auch eine kurze Strecke vorwärtsschnellen und mit den ausgebreiteten, starren Brustflossen ein Stück »davonsegeln« – dabei jedoch keinen »Flügelschlag« machen.

1 | Helm-Knurrhahn *Dactylopterus orientalis*
— Flughähne Dactylopteridae

EN—Oriental flying gurnard | **FR**—Grondin volant oriental

GRÖSSE 38 cm
BIOLOGIE Einzelgänger, auf Sandflächen in Lagunen und geschützten Außenriffen. Bietet einen prächtigen Anblick beim Segeln mit ausgebreiteten Brustflossen. Mit angelegten Brustflossen dagegen ist er relativ gut getarnt, besonders wenn teilweise eingegraben. Er frisst vorwiegend wirbellose Bodentiere. Mit der Schwimmblase als Resonanzkörper vermag er Geräusche zu erzeugen.
VERBREITUNG Rotes Meer bis Frz.-Polynesien

STERNGUCKER — URANOSCOPIDAE
Diese keulenförmigen Fische haben hoch auf dem Kopf sitzende, nach oben gerichtete Augen (daher Himmels- oder Sterngucker) und eine senkrecht verlaufende, weite Mundspalte – doch was aussieht wie Zähne sind nur Hautfransen an den Lippen. Einige Arten, darunter alle Uranoscopus, tragen einen wurmförmigen Hautlappen (kann angelegt oder herausgestreckt werden) am Unterkiefer. Er dient als Köder, um kleine Fische anzulocken, die er durch blitzschnelles Maulaufreißen verschluckt.

2 | Gefleckter Sterngucker *Uranoscopus sulphureus*
— Sterngucker Uranoscopidae

EN—Whitemargin stargazer | **FR**—Uranoscope à bordure blanche

GRÖSSE ca. 35 cm
BIOLOGIE Lebt auf Sand- und Schlammböden, in Lagunen und geschützten Außenriffen. Lauerräuber, der sich typischerweise weitgehend im Boden eingräbt – oft liegen nur die Augen und Lippen frei – und so getarnt auf ahnungslos vorbeikommende Beute wartet. Um Beutefische anzulocken, kann er einen wurmförmigen Fortsatz am Unterkiefer hin und her schwenken.
VERBREITUNG Rotes Meer bis Samoa

Torpedobarsche | Schiffshalter

TORPEDOBARSCHE — MALACANTHIDAE
Diese sehr lang gestreckten Fische leben bodennah über Sand- und Geröllflächen in Riffnähe. Dort sieht man sie häufig, jedoch stets nur aus Distanz, da sie sehr scheu und wachsam sind. Bei Gefahr flüchten sie sofort in selbst gebaute Höhlen. Torpedobarsche fressen bodenbewohnende Wirbellose oder schnappen Zooplankton aus der Strömung.

1 | Gestreifter Torpedobarsch *Malacanthus brevirostris*
— Torpedobarsche Malacanthidae

EN—Flagtail tilefish I **FR**—Poisson couvreur

GRÖSSE 30 cm
BIOLOGIE Einzeln oder, vor allem Jungtiere, in Gruppen. Sehr scheu, schwierig anzunähern, doch gebietsweise häufiger Vertreter dieser kleinen tropischen Fischfamilie. Legt wie andere Torpedobarsche seine Eier im Inneren der Wohnhöhle ab; das Gelege wird von beiden Eltern bewacht; 5–61 m.
VERBREITUNG Rotes Meer bis Panama

SCHIFFSHALTER — ECHENEIDAE
Die erste Rückenflosse ist bei diesen Fischen zu einer einzigartigen, gefurchten Saugscheibe umgewandelt. Damit können sie sich, wie mit einer Saugglocke einen Unterdruck erzeugend, an größere Tiere festheften und mitziehen lassen. Heften sich gern an verschiedene Haie, Rochen, große Knochenfische und Wale, auch Dugongs, Schildkröten und Schiffe. Die kleine Familie besteht aus acht Arten.

2 | Gestreifter Schiffshalter *Echeneis naucrates*
— Schiffshalter Echeneidae

EN—Sharksucker I **FR**—Rémora commun

GRÖSSE 110 cm
BIOLOGIE Lebt im offenen Ozean, kommt mit dem jeweiligen Wirt auch an Riffe, dann häufig an Haien, Rochen, gelegentlich auch an Schildkröten. Frisst kleine Fische, evtl. auch von der Beute seines Wirtes, sowie Parasiten von dessen Oberfläche. Öfter sind am Riff auch Jungtiere ohne Wirt zu sehen – die versuchen manchmal, sich an Tauchern festzuheften! 1–60 m.
VERBREITUNG Alle tropischen und subtropischen Meere

Seifenbarsche | Mirakelbarsche

SEIFENBARSCHE—GRAMMISTINAE
Ihren Namen erhielt diese kleine Unterfamilie der Sägebarsche wegen ihrer schleimigen Haut. Sie produziert ein bitter schmeckendes Gift, das Grammistin. Es dient wohl zugleich dem Schutz vor Angreifern als auch vor Hautparasiten. Viele Seifenbarsche leben tagsüber versteckt in Höhlen und Spalten und sind nachtaktiv.

1 | Sechsstreifen-Seifenbarsch *Grammistes sexlineatus* —Seifenbarsche Grammistinae

EN—Sixline soapfish | **FR**—Mérou à rayures d'or

GRÖSSE 27 cm
BIOLOGIE Lebt auf Riffdächern, in Lagunen und an Außenriffen mit Höhlen und Spalten, auch im Brackwasser. Jungtiere sind häufig, doch meist versteckt in Unterschlüpfen. Erwachsene Tiere ziehen in tiefere Zonen bis 150 m, sonst 1–40 m.
VERBREITUNG Rotes Meer bis Frz.-Polynesien

MIRAKELBARSCHE—PLESIOPIDAE
Populärster Vertreter dieser nur etwa 20 Arten zählenden Familie ist der Augenfleck-Mirakelbarsch, mit seiner attraktiven Färbung auch ein beliebter Meerwasser-Aquarienfisch. Generell jedoch sind Mirakelbarsche selten. Arten der Gattung Assessor sind Maulbrüter: Die Männchen hüten den Eiballen bis zum Schlüpfen der Brut im Maul.

2 | Augenfleck-Mirakelbarsch *Calloplesiops altivelis* —Mirakelbarsche Plesiopidae

EN—Comet | **FR**—Comète à grandes nageoires

GRÖSSE 20 cm
BIOLOGIE Relativ häufige und weitverbreitete, doch sehr versteckt in Spalten lebende Art. Scheu. Kommt erst mit dem Sonnenuntergang hervor. Die vielen weißen Punkte werden mit steigendem Alter noch zahlreicher und dabei relativ kleiner; 3–45 m.
VERBREITUNG Rotes Meer bis Frz.-Polynesien

Zwergbarsche | Großaugenbarsche

ZWERGBARSCHE — PSEUDOCHROMIDAE
Zwergbarsche sind eine Familie kleiner, aber meist farbenprächtiger Arten. Die meisten gehören zur Gattung *Pseudochromis*, sind scheu und leben versteckt in Unterschlüpfen. Von Tauchern werden sie selten wahrgenommen, obwohl sie nicht selten sind. Alle Arten besetzen kleine Territorien, die sie aggressiv verteidigen.

1 | Gelbblauer Zwergbarsch *Pseudochromis flavivertex*
—Zwergbarsche Pseudochromidae

EN—Sunrise dottyback I **FR**—Pseudochromis à dos jaune

GRÖSSE 7 cm
BIOLOGIE Die Männchen sind blau mit breitem gelbem Streifen oberseits, während die Weibchen durchgehend gelblich gefärbt sind, versteckter leben und daher nur selten beobachtet werden. Bewohnt regelmäßig Sand- und Geröllareale am Fuße von Riffblöcken. Scheu und vorsichtig, entfernt sich aber häufig einige Meter vom Stammplatz.
VERBREITUNG Rotes Meer, Golf von Aden

GROSSAUGENBARSCHE — PRIACANTHIDAE
Ihre rote Färbung und vor allem die großen Augen verraten ihre nachtaktive Lebensweise. Am Tag schweben sie häufig inaktiv an geschützten Stellen wie Überhängen. Gebietsweise, zum Beispiel auf den Malediven, sieht man sie an manchen Riffen regelmäßig auch in großen Gruppen dicht über dem Grund, aber im Freien stehen.

2 | Riff-Großaugenbarsch *Priacanthus hamrur*
—Großaugenbarsche Priacanthidae

EN—Crescent-tail bigeye I **FR**—Gros yeux

GRÖSSE 40 cm
BIOLOGIE Häufig an Außenriffen, typischerweise in der Nähe von Unterständen wie Höhlen oder Überhängen. Einzeln oder in kleinen lockeren Gruppen, wenig scheu. Nachtaktiv, frisst dann Zooplankton im Freiwasser. Kann blitzschnell die Farbe wechseln, von kräftig Rot über silbrig gefleckt bis einheitlich Blasssilbrig; 10 bis über 100 m.
VERBREITUNG Rotes Meer bis Frz.-Polynesien

Fahnenbarsche

FAHNENBARSCHE — ANTHIINAE
BLICKFANG Fahnenbarsche tragen typischerweise Rot-, Violett-, Orange- und Gelbtöne. Sie bilden meist Ansammlungen – manchmal riesige mit über 2000 Tieren. Stets dicht vor dem Riff bleibend, schnappen die tagaktiven Fische nach Zooplankton im Freiwasser und schwimmen bei Beunruhigung in Richtung Riff. Bei Gefahr sowie nachts suchen sie Schutz in den Spalten des Korallengesteins. Sie leben in Harems, wobei auf ein Männchen je nach Art bis über 30 Weibchen kommen. Die Männchen sind durch Geschlechtsumwandlung aus ranghohen Weibchen entstanden und haben meist ein intensiveres Farbkleid.

1 | Juwelen-Fahnenbarsch *Pseudanthias squamipinnis*
— Fahnenbarsche Anthiinae

EN—Scalefin anthias   I   **FR**—Anthias commun

GRÖSSE 15 cm
BIOLOGIE Bildet besonders vor Riffkronen, steilen Hängen und Drop-offs oftmals auffällige Ansammlungen. Das Männchen dieser Art hat einen stark verlängerten Rückenflossenstrahl; es bewacht einen Harem aus 5–10 Weibchen; 0,3–35 m.
VERBREITUNG Rotes Meer bis Fidschi und Südjapan

2 | Gelbrücken-Fahnenbarsch *Pseudanthias evansi*
— Fahnenbarsche Anthiinae

EN—Yellowback anthias   I   **FR**—Perche de mer bicolore

GRÖSSE 10 cm
BIOLOGIE Gewöhnlich an Außenriffhängen. Bildet kleine Gruppen, teils auch größere Ansammlungen, bleibt dabei jedoch stets nahe oder kaum mehr als ein bis zwei Meter über dem Substrat; bis 40 m.
VERBREITUNG Ostafrika bis Mauritius, Andamanensee und Chrismas

3 | Rechteck-Fahnenbarsch *Pseudanthias pleurotaenia*
— Fahnenbarsche Anthiinae

EN— Square-spot fairy basslet

GRÖSSE 20 cm
BIOLOGIE Hält sich in lockeren Gruppen an bevorzugt an steilen Außenriffhängen auf. Männchen mit Harem von bis etwa acht Weibchen; 10–180 m.
VERBREITUNG Bali bis SW-Japan, GBR, Neukaledonien und Samoa.

Zackenbarsche

ZACKENBARSCHE—SERRANIDAE
BODENSTÄNDIG Zackenbarsche leben einzelgängerisch und sind standorttreu. Die meisten dieser kräftigen Bodenfische bewohnen Korallenriffe und Felsgründe, wo ihnen das reich strukturierte Gelände ideale Unterschlüpfe bietet. Sie sind territorial und haben in ihren Revieren geschützte Unterstände wie Höhlungen, Spalten und Überhänge, in denen sie meist einen großen Teil des Tages verbringen. Einige streifen jedoch auch tagsüber mehr oder weniger frei durchs Riff.
ÜBERRUMPELUNGSTAKTIK Alle Zackenbarsche sind Räuber und gehören zu den häufigsten und wichtigsten Raubfischen im Riff. Ihre Hauptnahrung besteht aus Krebsen, Fischen und Tintenfischen. Die Dämmerung ist ihre erfolgreichste Jagdzeit. Sie können überraschend schnell vorstoßen und so aus dem Stand heraus Fische überrumpeln sie, die meist schneller und wendiger sind als sie selbst. Große Zackenbarsch-Arten können 20 bis 40 Jahre alt werden.

1 | **Juwelen-Zackenbarsch** *Cephalopholis miniata* —Zackenbarsche Serranidae

EN—Coral grouper   I   **FR**—Vieille étoilée

GRÖSSE 40 cm
BIOLOGIE Häufig und wenig scheu. Bevorzugt korallenreiche, klare Lagunen und Außenriffe; 1–50 m.
VERBREITUNG Rotes Meer bis Frz.-Polynesien

2 | **Sechsstreifen-Zackenbarsch** *Cephalopholis sexmaculata* —Zackenbarsche Serranidae

EN—Saddle grouper   I   **FR**—

GRÖSSE 50 cm
BIOLOGIE In klaren Küsten- und Außenriffen, tagsüber meist in Höhlen, kopfüber bäuchlings an Decke oder Wänden schwimmend; 3–150 m.
VERBREITUNG Rotes Meer bis Frz.-Polynesien

3 | **Pfauen-Zackenbarsch** *Cephalopholis argus* —Zackenbarsche Serranidae

EN— Peacock Hind   I   **FR**— Vieille cuisinier

GRÖSSE 55 cm
BIOLOGIE Bevorzugt korallenreiche Riffe, ruht gerne an geschützten Stellen auf Hartgrund. Adulte oft in Paaren oder kleinen Gruppen. Kann seine Färbung rasch aufhellen oder verdunkeln; 1-40 m.
VERBREITUNG Rotes Meer und Ostafrika bis SW-Japan und Frz.-Polynesien.

Zackenbarsche

1 | **Baskenmützen-Zackenbarsch** *Epinephelus fasciatus*
—Zackenbarsche Serranidae

EN—Blacktip grouper I **FR**—Mérou oriflamme

GRÖSSE 40 cm
BIOLOGIE Färbung ist wie bei anderen Arten auch stark abhängig vom jeweiligen Untergrund: Blasscreme bis satt Rotbraun; 1-160 m.
VERBREITUNG Rotes Meer bis Frz.-Polynesien

2 | **Kartoffel-Zackenbarsch** *Epinephelus tukula*
—Zackenbarsche Serranidae

EN—Potato grouper I **FR**—Mérou patate

GRÖSSE 200 cm
BIOLOGIE Bevorzugt klare, korallenreiche Gebiete. Einzeln oder in kleinen Gruppen. Überwiegend selten, nur stellenweise anzutreffen; lässt Taucher nah heran, wird zudem häufig angefüttert; 3-150 m.
VERBREITUNG Rotes Meer bis Great Barrier Reef

3 | **Malabar-Zackenbarsch** *Epinephelus malabaricus*
—Zackenbarsche Serranidae

EN—Malabar grouper I **FR**—Vielle six tâches

GRÖSSE 120 cm
BIOLOGIE Gebietsweise selten. Lauert gern in Riffkanälen oder an der Riffbasis über Sand- und Geröllböden, frisst Langusten, Fische und Tintenfische. Scheu und vorsichtig, geschätzter Speisefisch; 2-100 m.
VERBREITUNG Rotes Meer bis Tonga

Zackenbarsche

1 | **Spitzkopf-Zackenbarsch** *Anyperodon leucogrammicus*
—Zackenbarsche Serranidae

EN—Slender grouper | **FR**—Mérou élégant

GRÖSSE 52 cm
BIOLOGIE In Lagunen und Außenriffen mit reichem Korallenbewuchs. Einzelgänger, erbeutet Fische. Steht meist an Unterständen. Jungtiere ahmen mit ihrer Färbung längs gestreifte Halichoeres-Lippfische nach, um näher an Beutefische zu kommen.; 2-50 m.
VERBREITUNG Rotes Meer und Ostafrika bis SW-Japan, Samoa und GBR

2 | **Rotmeer-Forellenbarsch**
Plectropomus pessuliferus marisrubi
—Zackenbarsche Serranidae

EN—Roving coral grouper | **FR**—Mérou loche vagabonde

GRÖSSE 110 cm
BIOLOGIE Häufig im Roten Meer. Patrouilliert auch tagsüber oft langsam am Riff entlang. Wird ersetzt vom Panther-Forellenbarsch (P. p. pessuliferus) als Schwester-Unterart vom Indischen Ozean bis Fidschi; 3-50 m.
VERBREITUNG Rotes Meer

3 | **Mondsichel-Zackenbarsch** *Variola louti*
—Zackenbarsche Serranidae

EN—Yellow-edged lyretail | **FR**—Loche caméléon

GRÖSSE 80 cm
BIOLOGIE Streift auch tagsüber langsam durchs Riff, versucht als Schleichjäger nah an seine Beute zu kommen. Häufig, wenig scheu. Jungtiere mit abweichendem Farbmuster, leben sehr versteckt; 1-150 m.
VERBREITUNG Rotes Meer bis Frz.-Polynesien

Büschelbarsche

BÜSCHELBARSCHE — CIRRHITIDAE

SITZPLATZ MIT AUSBLICK Büschelbarsche schwimmen nur selten, und dann auch nur ganz kurze Strecken. Sie sind bodengebunden, haben keine Schwimmblase. Meist hocken sie an einem bevorzugten Aussichtsplatz, abgestützt auf ihren kräftigen Brustflossenstrahlen. Dabei bevorzugen sie exponierte Korallenköpfe, worauf sich auch ihr anderer Populärname »Korallenwächter« bezieht. Ihr englischer Name Hawkfishes (»Falkenfische«) hat ebenfalls damit zu tun. Wie der Raubvogel beobachten sie von einem Hochsitz aus die Umgebung – und stürzen sich im kurzen schnellen Vorstoß auf vorbeikommende Beute, hauptsächlich Garnelen und kleine Fische. Büschelbarsche sind sogenannte protogyne Zwitter: Sie werden zunächst als Weibchen geschlechtsreif und können sich später im Leben bei Bedarf in Männchen umwandeln. Die Männchen bilden dann oft einen Harem mit mehreren Weibchen, die aufmerksam bewacht werden.

1 | Forsters Büschelbarsch *Paracirrhites forsteri*
— Büschelbarsche Cirrhitidae

EN—Freckled hawkfish | **FR**—Poisson-épervier de Forster

GRÖSSE 22 cm
BIOLOGIE Färbung variabel, typisch sind kleine dunkle Punkte am Kopf. Frisst vorwiegend kleine Fische und Garnelen; 1–40 m.
VERBREITUNG Rotes Meer bis Polynesien

2 | Monokel-Büschelbarsch *Paracirrhites arcatus*
— Büschelbarsche Cirrhitidae

EN—Arc-eye hawkfish | **FR**—Épervier strié

GRÖSSE 14 cm
BIOLOGIE Typischerweise auf kleinen, ästigen Korallenstöcken wie Pocillora- und Stylophora-Arten. Frisst kleine Krebse; 1–35 m.
VERBREITUNG Ostafrika, Malediven bis Polynesien

3 | Langnasen-Büschelbarsch *Oxycirrhites typus*
— Büschelbarsche Cirrhitidae

EN—Longnose hawkfish | **FR**—Épervier à nez long

GRÖSSE 13 cm
BIOLOGIE Bewohnt meist Gorgonien oder Schwarze Korallen. »Schottenmuster« und Schnauze unverwechselbar. Frisst Planktonkrebse; 5-70 m.
VERBREITUNG Rotes Meer bis Panama

Kardinalbarsche

KARDINALBARSCHE—APOGONIDAE
Kardinalbarsche sind überwiegend kleine Fische, die selten größer werden als zwölf Zentimeter. Die meisten Arten sind dämmerungs- und nachtaktiv. Sie sind langsame Schwimmer, leben bodenorientiert und ortsgebunden in einem kleinen Revier. Tagsüber schweben sie ruhig, bevorzugt in Spalten, zwischen ästigen Korallen, teils auch im Freien, dann aber dicht vor einem Korallenblock oder Fels.

Mit der Dämmerung verlassen sie ihre Unterstände. Die meisten machen dann Jagd auf Zooplankton. Andere fressen auch kleine Fische und bodenlebende Krebse. Der Tiger-Kardinalfisch mit seinen großen Fangzähnen erbeutet vorwiegend Fische.

MUNDSCHUTZ Der Paarung vorweg geht bei *Apogon*-Arten ein Balzritual. Nach dem Ablaichen werden die befruchteten Eier vom Männchen eingesammelt und in seiner stark dehnungsfähigen Mundhöhle meist etwa eine Woche lang ausgebrütet. Hier sind die Eier vor Räubern geschützt und werden vom sauerstoffreichen Atemwasser umspült. Eine ausgesprochen effektive Brutpflege, während der das Männchen keine Nahrung zu sich nimmt.

1 | Sonnen-Kardinalbarsch *Apogon aureus*
— Kardinalbarsche Apogonidae

EN—Ring-tailed cardinalfish I **FR**—Apogon doré

GRÖSSE 12 cm
BIOLOGIE Tagaktiv, an geschützten Riffen, oft in großen Ansammlungen unweit von Unterschlüpfen, 1–40 m.
VERBREITUNG Ostafrika, Malediven bis Tonga

2 | Fünflinien-Kardinalbarsch
Cheilodipterus quinquelineatus
— Kardinalbarsche Apogonidae

EN—Five-lined cardinalfish I **FR**—Apogon à cinq lignes

GRÖSSE 12 cm
BIOLOGIE In kleinen Gruppen nahe Verstecken zwischen Korallen, Felsen oder im Schutz langstachliger Seeigel; 1–40 m.
VERBREITUNG Rotes Meer bis Frz.-Polynesien

3 | Tiger-Kardinalbarsch *Cheilodipterus macrodon*
— Kardinalbarsche Apogonidae

EN—Tiger cardinalfish I **FR**—Apogon à grandes dents

GRÖSSE 25 cm
BIOLOGIE Schwebt einzeln oder in kleinen Gruppen im Schutz von Höhlungen oder Überhängen. Häufig und nicht scheu; 0,5–40 m.
VORKOMMEN Rotes Meer bis Frz.-Polynesien

Stachelmakrelen

STACHELMAKRELEN—CARANGIDAE
Stachelmakrelen sind geschickte Jäger des offenen Wassers. Trotzdem trifft man sie beim Tauchen regelmäßig, da sich viele Arten gern in unmittelbarer Küstennähe und an Riffen aufhalten.
SCHNELLE TRUPPE Die flinken Räuber sind tag- und nachtaktiv, und sie sind ständig in Bewegung. Müssen sie auch, denn sie besitzen nur eine zurückgebildete Schwimmblase und würden bei Stillstand absinken. Ihr schmaler Schwanzstiel mit stark gegabelter Schwanzflosse zeichnet sie als ausdauernde Hochgeschwindigkeitsjäger aus. Fische stehen ganz oben auf ihrem Speiseplan, und ihre beeindruckende Schnelligkeit bei der Jagd ist gelegentlich am Riff zu bestaunen. Manche Arten kreisen oft auch ruhig in Schwärmen im Freiwasser vor dem Riff.
Viele der silbernen Jäger sind begehrte Speisefische und gebietsweise von großer wirtschaftlicher Bedeutung. Jungtiere mancher Stachelmakrelen nutzen Quallen als Schutzschirm im ansonsten unterschlupffreien Blauwasser. Junge Gold-Makrelen sind auch bekannt als »Pilotfische«, weil sie zum Beispiel Haie begleiten.

1 | **Dickkopf-Makrele** *Caranx ignobilis*
—Stachelmakrelen Carangidae

EN—Giant trevally   I   **FR**—

GRÖSSE 170 cm
BIOLOGIE Einzeln oder in kleinen Gruppen, patrouilliert häufig vor Steilhängen; Jungtiere in Schulen; 5–80 m.
VERBREITUNG Rotes Meer bis Frz.-Polynesien

2 | **Zitronen-Stachelmakrele** *Carangoides bajad*
—Stachelmakrelen Carangidae

EN—Orangespotted trevally   I   **FR**—Carangue lentigine

GRÖSSE 53 cm
BIOLOGIE Tagsüber oft in kleinen Gruppen an Stammplätzen im oberen Riffbereich; gelbe Farbvariante im Roten Meer häufig; 1–90 m.
VERBREITUNG Rotes Meer bis Indonesien

3 | **Gold-Makrele** *Gnathanodon speciosus*
—Stachelmakrelen Carangidae

EN—Golden trevally   I   **FR**—Carangue têtue

GRÖSSE 110 cm
BIOLOGIE Junge gelb mit schwarzen Querstreifen, Erwachsene in tiefen Lagunen und an Außenriffen; 1–50 m.
VERBREITUNG Rotes Meer bis Panama

Schnapper

SCHNAPPER—LUTJANIDAE
JÄGER Schnapper sind bodenorientierte, riffgebundene Fische und tagsüber meist inaktiv. Dann stehen sie typischerweise einzeln oder in kleinen Gruppen an geschützten Stellen wie unter Überhängen, oft auch in beachtlichen Ansammlungen dicht über dem Grund im Freien. Riesige stationäre Schnapperschwärme gehören in vielen Riffen zu den eindrucksvollsten Begegnungen. Ausgewachsene Exemplare einiger großer Arten sind ausgesprochene Einzelgänger. Schnapper sind nachtaktive Räuber und ernähren sich vorwiegend von bodenlebenden Wirbellosen, besonders Krebsen, sowie Tintenfischen, kleinen Fischen und planktonischen Tieren. Große Fischfresser sind oft gut schon an ihren Fangzähnen zu erkennen.
GEJAGTE Schnapper bilden eine große Familie mit über 100 Arten. Sie sind weltweit in den Tropen und Subtropen verbreitet, auch im Atlantik und in der Karibik. Viele sind wichtige, geschätzte Speisefische. Manche Arten jedoch können in verschiedenen Gebieten Ciguatera-Fischvergiftungen verursachen und dürfen dort nicht gegessen werden.

1 | Buckel-Schnapper *Lutjanus gibbus*
—Schnapper Lutjanidae

EN—Humpback snapper | **FR**—Vivaneau pagaie

GRÖSSE 50 cm
BIOLOGIE Tagsüber oft in großen, inaktiven Schulen. Jagt nachts einzeln Krebstiere; 1–150 m.
VERBREITUNG Rotes Meer bis Frz.-Polynesien

2 | Blaustreifen-Schnapper *Lutjanus kasmira*
—Schnapper Lutjanidae

EN—Bluestripe snapper | **FR**—Perche à raies bleues

GRÖSSE 35 cm
BIOLOGIE Einzeln, in kleinen Gruppen oder in riesigen Ansammlungen anzutreffen. Jagt nachts kleine Fische und Krebse; 10–264 m.
VERBREITUNG Rotes Meer bis Frz.-Polynesien

3 | Gelbaugen-Schnapper *Macolor macularis*
—Schnapper Lutjanidae

EN—Midnight snapper | **FR**—Vivaneau minuit

GRÖSSE 55 cm
BIOLOGIE Frisst vorwiegend großes Zooplankton; Jungtiere mit markantem Schwarz-Weiß-Muster und verlängerten Flossen; 3–50 m.
VERBREITUNG Malediven bis Salomonen

Füsiliere

FÜSILIERE—CAESIONIDAE

Füsiliere sind eng mit den Schnappern verwandt, leben jedoch mehr im Freiwasser und fressen dort Zooplankton. Daher haben sie ein kleines Maul und als Anpassung ans Freiwasser einen stromlinienförmigen Körper mit tief gegabelter Schwanzflosse.

SCHWÄRMEREI Füsiliere tragen in vielen Gebieten mit ihren großen Schwärmen erheblich zum Fischreichtum bei. Tagsüber halten sich diese geschickten, ausdauernden Schwimmer typischerweise in großer Zahl im freien Wasser auf. Sie leben an steileren Außenriffhängen, aber auch in Lagunen. Beim Ab- oder Aufstieg von diesen Fischen umschwärmt zu werden, ist immer ein Erlebnis. Nachts schlafen sie im Riff, versteckt in den Spalten und Löchern, wobei sie eine oft rötliche Nachtfärbung annehmen. Tagsüber suchen sie das Riff auf, um sich an Putzerstationen bedienen zu lassen. Füsiliere sind geschätzte Speisefische, vertreten mit etwa 20 Arten.

1 Neon-Füsilier *Pterocaesio tile*
—Füsiliere Caesionidae

EN—Bluestreak fusilier | **FR**—Caesio tricolore

GRÖSSE 25 cm
BIOLOGIE Teils in großen Schulen im Freiwasser Zooplankton jagend. Nachts ruhend in Spalten und Höhlungen, untere Körperbereich dann rot (s. Foto); 5–25 m.
VERBREITUNG Ostafrika bis Polynesien

2 Rotmeer-Füsilier *Caesio suevica*
—Füsiliere Caesionidae

EN—Red Sea fusilier | **FR**—Fusilier de Suez

GRÖSSE 25 cm
BIOLOGIE Markante schwarz-weiße Schwanzspitzen. In dichten Schulen im riffnahen Freiwasser, frisst Zooplankton. Häufig und neugierig, umschwärmt oftmals Taucher. Besucht Putzerstationen; 1–25 m
VERBREITUNG Rotes Meer

3 Gelbrücken-Füsilier *Caesio xanthonota*
—Füsiliere Caesionidae

EN—Yellowback fusilier | **FR**—Fusilier à dos jaune

GRÖSSE 30 cm
BIOLOGIE Schwimmt in großen Schulen im Freiwasser tiefer Lagunen und entlang von Außenriffen. Ähnliche Arten mit verschieden langen gelben Rückenstreifen.
VERBREITUNG Südl. Rotes Meer, Malediven bis Molukken

Süßlippen

SÜSSLIPPEN—HAEMULIDAE
TAGTRÄUMER Süßlippen stehen tagsüber ruhig im Wasser, einzeln, in kleinen Gruppen, manche auch in großen Schwärmen. Sie zeigen meist kaum Scheu und viele Arten sind attraktiv gefärbt. Manche schweben gern an freien, auch exponierten Stellen, andere bevorzugen leicht geschützte Bereiche, stehen unter Tischkorallen oder Überhängen.
Viele Arten haben wulstige Lippen, die Mitglieder der Gattung Haemulon jedoch nicht. Jungtiere zeigen oft eine völlig abweichende Färbung, und manche schwimmen im Gegensatz zur ruhigen Art der Erwachsenen allein umher, manche mit taumelnden oder schlängelnden Bewegungen.
Zur Nacht werden Süßlippen aktiv und gehen einzeln auf Nahrungssuche. Auf ihrem Speisezettel stehen vor allem wirbellose Bodentiere, wobei hartschalige Krebse, Muscheln, Schnecken oder Seeigel mit den Mahlzähnen geknackt werden. Auch Würmer und kleine Fische werden gefressen. Manche Süßlippen jagen auch im Freiwasser nach Zooplankton. Die Familie umfasst etwa 120 Arten, viele davon sind begehrte Speisefische.

1 | Silber-Süßlippe *Diagramma pictum*
—Süßlippen Haemulidae

EN—Giant sweetlips I **FR**—Diagramme voilier

GRÖSSE 90 cm
BIOLOGIE Große Art, in Lagunen und an Riffhängen, tagsüber einzeln oder in kleinen Gruppen; 1–30 m.
VERBREITUNG Rotes Meer bis Sri Lanka

2 | Harlekin-Süßlippe *Plectorhinchus chaetodonoides*
—Süßlippen Haemulidae

EN—Many-spotted sweetlips I **FR**—Gaterin arlequin

GRÖSSE 70 cm
BIOLOGIE In korallenreichen Riffen, am Tag unter Überhängen. Jungtiere braun mit weißen Flecken und taumelnder Schwimmweise; 1–40 m.
VERBREITUNG Malediven bis Fidschi

3 | Orient-Süßlippe *Plectorhinchus orientalis*
—Süßlippen Haemulidae

EN—Oriental sweetlips I **FR**—Gaterin bagnard de l'Océan Indien

GRÖSSE 86 cm
BIOLOGIE An korallenreichen Außenriffen, Erwachsene oft in kleinen Gruppen, an geschützten oder völlig freien Standorten; 2–30 m.
VERBREITUNG Ostafrika bis Samoa

Straßenkehrer

STRASSENKEHRER—LETHRINIDAE
Viele Arten diese Familie sind silbrig grau, ohne markante Farbmuster, und daher für Taucher nur schwer zu bestimmen. Zudem kommen bei Straßenkehrern recht unterschiedliche Körperformen vor. Manche haben zum Beispiel eine steile Stirn, andere einen zugespitzten Kopf.

Kleinere Arten leben oft in Gruppen wie der Leuchtfleck-Straßenkehrer, größere sind meist Einzelgänger, etwa der Gelbflossen-Straßenkehrer. Bei vielen tragen Jungtiere und Erwachsene deutlich unterschiedliche Farbkleider. Als Nahrung dienen ihnen vorwiegend bodenlebende Wirbellose wie Krebse und Würmer, daneben auch kleine Fische und teils auch Plankton. In Abhängigkeit von ihrer Stimmung können viele Arten sekundenschnell ihre Färbung ändern, besonders auf »heller« oder »dunkler« schalten. Junge Großaugen-Straßenkehrer haben dunkle Querstreifen, die sie ein- und ausschalten können.

Die meisten fressen nachts, einige auch tagsüber, viele sind sogar tag- und nachtaktiv. Alle Arten sind Folgezwitter, werden zunächst als Weibchen geschlechtsreif und später im Leben zu Männchen.

1 | Großaugen-Straßenkehrer *Monotaxis grandoculis*
—Straßenkehrer Lethrinidae

EN—Humpnose big-eye bream | **FR**—Capitaine bossu

GRÖSSE 60 cm
BIOLOGIE Häufig, einzeln oder in lockeren Gruppen, schweben tagsüber meist inaktiv vor Riffrändern; 1–100 m.
VERBREITUNG Rotes Meer bis Polynesien und Sumbawa

2 | Leuchtfleck-Straßenkehrer
Gnathodentex aurolineatus
—Straßenkehrer Lethrinidae

EN—Striped large-eye bream | **FR**—Capitaine strié

GRÖSSE 30 cm
BIOLOGIE Häufig, wenig scheu, tagsüber in meist kleinen, selten auch großen Ansammlungen in der Nähe von Korallenblöcken; 1–30 m.
VERBREITUNG Ostafrika bis Polynesien

3 | Gelbflossen-Straßenkehrer *Lethrinus erythracanthus*
—Straßenkehrer Lethrinidae

EN—Yellowfin emperor | **FR**—Capitaine empereur

GRÖSSE 70 cm
BIOLOGIE Besonders attraktive Art. Einzeln, scheu. Tagsüber gern in oder nahe bei Überhängen. Frisst hartschalige Wirbellose; 12–120 m.
VERBREITUNG Ostafrika bis Polynesien

Scheinschnapper | Meerbrassen

SCHEINSCHNAPPER—NEMIPTERIDAE
Scheinschnapper sind Intervallschwimmer: Sie schwimmen ein Stück, schweben dann bewegungslos über dem Grund, schnappen nach wirbellosen Kleintieren, teils auch Fischen des Bodens, schwimmen wieder ein Stück, suchen mit den Augen den Grund nach Nahrung ab, bleiben wieder eine Weile stehen. Gebietsweise sind sie wichtige Speisefische.

1 | Schärpen-Scheinschnapper *Scolopsis bilineatus*
—Scheinschnapper Nemipteridae

EN—Bridled monocle bream | **FR**—Mamila griffée

GRÖSSE 23 cm
BIOLOGIE Erwachsene leben einzelgängerisch nahe Sandflecken in Lagunen und geschützten Riffen. Wahrscheinlich wie alle Scheinschnapper ein Folgezwitter, wobei sich Weibchen später in Männchen umwandeln können. Jungtiere imitieren einen giftigen Säbelzahnschleimfisch; 1–25 m.
VERBREITUNG Lakkadiven und Malediven bis Fidschi

MEERBRASSEN—SPARIDAE
Meerbrassen sind im Indopazifik nur mit wenigen Arten vertreten und am ehesten im Indischen Ozean zu sehen. Auch sind sie hier relativ scheu, sodass man sich ihnen nur schwer annähern kann. Viel arten- und individuenreicher sind sie in Atlantik, Karibik und Mittelmeer, wo sie auch eine ökologisch wichtigere Rolle spielen.

2 | Doppelband-Meerbrasse *Acanthopagrus bifasciatus*
—Meerbrassen Sparidae

EN—Twobar seabream | **FR**—Pagre double bande

GRÖSSE 50 cm
BIOLOGIE Wachsame und scheue Art, aber etwa im Roten Meer regelmäßig zu sehen. Bewohnt Riffhänge tiefer Lagunen, Buchten und Außenriffe. Häufiger bei Hochwasser auf Riffdächern, bevorzugt auch an und vor Außenriffkanten mit stärkerem Wellengang und Brandung. Schwimmt einzeln oder oft auch in kleinen Gruppen; 0,2–20 m.
VERBREITUNG Rotes Meer, Arabischer Golf bis Mauritius

Beilbauchfische | Flossenblätter

BEILBAUCHFISCHE — PEMPHERIDAE
Tagsüber stehen sie unter Überhängen, in Höhlen, im Schutz großer Korallenblöcke oder auch in Wracks, die bräunlichen *Pempheris*-Arten mit »Beilbauch« und die schlanken, transparenten *Parapriacanthus*-Arten. Letztere bilden eindrucksvolle stationäre Schwärme. Nachts jagen sie einzeln im Freiwasser Zooplankton.

1 | Indischer Glasfisch *Parapriacanthus ransonneti*
— Beilbauchfische Pempheridae

EN — Glassy sweeper | **FR** — Poisson hachette nain

GRÖSSE 10 cm
BIOLOGIE Nicht scheu. Frisst nachts über dem Riff Zooplankton. Tagsüber lässt sich an den dichten Schwärmen aus nächster Nähe das Schwarmverhalten von Fischen studieren. Spektakulär, wie sie einer pulsierenden Masse gleich Raubfischen oder Tauchern ausweichen, dabei oft einen Hohlraum formen und anschließend wieder schließen; 0,3–40 m.
VERBREITUNG Rotes Meer bis Marshallinseln und Neukaledonien

FLOSSENBLÄTTER — MONODACTYLIDAE
Die fünf Arten dieser Familie leben vorwiegend in Flussmündungen und Mangrovengebieten. Sie tolerieren Schwankungen im Salzgehalt und können im Süßwasser überleben. Häufig schwimmen sie in großen Schulen, ufernah und gerne in trübem Wasser. Sie fressen kleine Fische und Wirbellose. Einzig das Silberflossenblatt ist beim Tauchen öfter zu sehen.

2 | Silber-Flossenblatt *Monodactylus argenteus*
— Flossenblätter Monodactylidae

EN — Silver moonfish | **FR** — Lune d'argent

GRÖSSE 22 cm
BIOLOGIE Am häufigsten von Tauchern gesichtete Art der Familie. Ähnelt Fledermausfischen, ist mit diesen aber nicht verwandt. Die attraktiven Fische leben in ruhigem Wasser, vorwiegend in brackigen Flüssen, Deltas, Lagunen, aber auch in geschützten Küstenriffen. Meist in Schulen, wenig scheu; 0–15 m.
VERBREITUNG Rotes Meer bis Samoa

Meerbarben

MEERBARBEN—MULLIDAE
Es gibt etwa 55 Arten von Meerbarben, alle tragen am Kinn zwei Barteln. Diese können in eine Kehlgrube unter dem Kinn zurückgelegt werden, zum Beispiel beim Schwimmen, und sind dann kaum zu sehen. Die Barteln sind Tastorgane, reich bestückt mit Geschmackssinneszellen und dienen dem Aufstöbern von Nahrung. So suchen Meerbarben mit vorgestreckten Bartfäden den Sandgrund ab und stöbern im Untergrund verborgene Kleintiere des Bodens auf. Oft wühlen sie diese tief aus dem Grund hervor. Zu ihrer Nahrung gehören Krebse, Weichtiere, Würmer, Schlangensterne und Fische. Manche Arten setzen ihre Barteln auch wie Peitschen ein, um Beutefische aus Spalten oder zwischen Korallenästen hervorzutreiben.

MITESSER Die Wühlarbeit von Meerbarben lockt oft andere Fische herbei, zum Beispiel Lippfische und Straßenkehrer. Sie begleiten die Meerbarben und schnappen sich von der Wühlerei aufgescheuchte Bodentiere. Diese Begleiter profitieren zwar einseitig von der Nahrungssuche der Meerbarben, schaden diesen aber nicht. Eine solche Beziehung wird als Kommensalismus bezeichnet.

1 | **Rotmeer-Barbe** *Parupeneus forsskali*
—Meerbarben Mullidae

EN—Red Sea goatfish I **FR**—Rouget-barbet à bande noire

GRÖSSE 28 cm
BIOLOGIE Häufig, tagaktiv, wenig scheu. Oft in Begleitung anderer Fische, besonders Lippfische; 1–30 m.
VERBREITUNG Rotes Meer, Golf von Aden

2 | **Gelbflossen-Barbe** *Mulloidichthys vanicolensis*
—Meerbarben Mullidae

EN—Yellowfin goatfish I **FR**—Capucin à bande jaune

GRÖSSE 38 cm
BIOLOGIE Häufig, wenig scheu. Nachtaktiv, schwebt tagsüber oft in großen Ansammlungen an Riffhängen; 1–50 m.
VERBREITUNG Rotes Meer bis Polynesien

3 | **Vielstreifen-Barbe** *Parupeneus multifasciatus*
—Meerbarben Mullidae

EN—Manybar goatfish I **FR**—Capucin à trois selles

GRÖSSE 35 cm
BIOLOGIE Einzeln oder in Gruppen, meist tagaktiv. Farbvariabel, stets recht farbintensiv; 1–140 m.
VERBREITUNG Cocos-Keeling bis Hawaii und Polynesien

Falterfische

FALTERFISCHE — CHAETODONTIDAE
BUNTE SCHEIBEN Scheibenform Der seitlich stark abgeflachte, scheibenförmige Körper ermöglicht Falterfischen ein geschicktes Manövrieren zwischen den Korallen.
PAARWEISE Viele Falterfisch-Arten leben in Paaren. Diese Bindung ist bei einigen ein Bund fürs Leben. Andere in Paaren lebende Arten pflegen eine weniger feste Bindung, sind oft auch einzeln anzutreffen. Manche Falterfische schließlich finden sich in großen Ansammlungen oder Schwärmen zusammen, wie der Schwarm-Wimpelfisch.
SOZIALES Viele Falterfische besetzen Territorien und verteidigen sie gegenüber Artgenossen. Das kann sehr vehement erfolgen, beschränkt sich jedoch meist auf ritualisierte Verhaltensweisen. Dazu gehören Anstarren, aufeinander Losschwimmen, Verfolgen, Flüchten und Umkreisen.

1 | Tüpfel-Falterfisch *Chaetodon guttatissimus*
— Falterfische Chaetodontidae

EN—Spotted butterflyfish I **FR**—Papillon moucheté

GRÖSSE 12 cm
BIOLOGIE Zieht paarweise oder in kleinen Gruppen durch das Riff. Zu seiner Nahrung gehören vor allem Würmer, Korallenpolypen und Algen; 2–25 m.
VERBREITUNG Ostafrika, Malediven bis Westthailand

2 | Halsband-Falterfisch *Chaetodon collare*
— Falterfische Chaetodontidae

EN—White collar butterflyfish I **FR**—Papillon à collier blanc

GRÖSSE 16 cm
BIOLOGIE Wenig scheue Art. Schwimmt paarweise, schwebt häufig auch in kleinen, inaktiven Gruppen vor Korallenköpfen. Ernährt sich von Korallenpolypen und Würmern; 1–20 m.
VERBREITUNG Golf von Aden, Malediven bis Philippinen

1 | Schwarzstreifen-Falterfisch *Chaetodon meyeri*
— Falterfische Chaetodontidae

EN—Scrawled butterflyfish I **FR**—Papillon de Meyer

GRÖSSE 18 cm
BIOLOGIE Gewöhnlich in Paaren, besitzt Heimreviere. Frisst ausschließlich Korallenpolypen. Jungtiere meist im Schutz von Geweihkorallen; 2–25 m.
VERBREITUNG Ostafrika, Malediven bis Polynesien

Falterfische

1 | Fähnchen-Falterfisch *Chaetodon auriga*
— Falterfische Chaetodontidae

EN—Threadfin butterflyfish I **FR**—Papillon cocher

GRÖSSE 23 cm
BIOLOGIE Häufig, wenig scheu und weitverbreitet. Einzeln, paarweise oder in kleinen Gruppen. Zupft Teile von Korallenpolypen, kleinen Würmern, Anemonen und Algen ab; 1–35 m.
VORKOMMEN Rotes Meer bis Frz.-Polynesien

2 | Bennetts Falterfisch *Chaetodon bennetti*
— Falterfische Chaetodontidae

EN—Bennett's butterflyfish I **FR**—Papillon de Bennett

GRÖSSE 18 cm
BIOLOGIE Einzeln oder paarweise, bevorzugt korallenreiche Lagunen und Außenriffe. Frisst Korallenpolypen. Jungtiere sieht man zwischen den Ästen von Geweihkorallen; 5–30 m.
VERBREITUNG Ostafrika, Malediven bis Pitcairninseln

3 | Rippen-Falterfisch *Chaetodon trifasciatus*
— Falterfische Chaetodontidae

EN—Melon butterflyfish I **FR**—Papillon côtelé indien

GRÖSSE 15 cm
BIOLOGIE Lebt gewöhnlich in Paaren und besitzt ein Heimrevier. Ausgesprochener Nahrungsspezialist, der sich ausschließlich von Korallenpolypen ernährt; 1–20 m.
VERBREITUNG Ostafrika, Malediven bis Frz.-Polynesien

Falterfische

1 | **Rotmeer-Winkelfalterfisch** *Chaetodon paucifasciatus*
— Falterfische Chaetodontidae

EN—Red-back butterflyfish I **FR**—Papillon orange

GRÖSSE 14 cm
BIOLOGIE Lebt in Paaren oder kleinen Gruppen. Häufig und wenig scheu. Bewohnt ein großes Heimrevier; frisst bevorzugt Stein- und Weichkorallen; 1–30 m.
VERBREITUNG Endemisch im Roten Meer und Golf von Aden

2 | **Masken-Falterfisch** *Chaetodon semilarvatus*
— Falterfische Chaetodontidae

EN—Masked butterflyfish I **FR**—Chaetodon à demi masquè

GRÖSSE 23 cm
BIOLOGIE Meist paarweise, teils auch in Ansammlungen anzutreffen. Tagsüber, besonders vormittags, oft ruhig unter Tischkorallen schwebend. Häufig und wenig scheu; 3–20 m.
VERBREITUNG Endemisch im Roten Meer und Golf von Aden

3 | **Röhrenmaul-Pinzettfisch** *Forcipiger flavissimus*
— Falterfische Chaetodontidae

EN—Longnose butterflyfish I **FR**—Papillon longnez

GRÖSSE bis 22 cm
BIOLOGIE Streift paarweise oder in kleinen Gruppen umher, vorwiegend an Außenriffen. Wenig scheu. Großes Nahrungsspektrum, zupft auch Füßchen von Seeigeln oder Seesternen ab; 2–110 m.
VERBREITUNG Rotes Meer bis Mittelamerika

Falterfische

1 | Gelber Pyramiden-Falterfisch *Hemitaurichthys polylepis*
— Falterfische Chaetodontidae

EN—Pyramid butterflyfish I **FR**—Poisson-papillon pyramide jaune

GRÖSSE 18 cm
BIOLOGIE Bevorzugt strömungsexponierte Außenriffhänge. Meist in großen Ansammlungen und oft etliche Meter vom Riff entfernt, um im freien Wasser Zooplankton zu schnappen; 3–50 m
VERBREITUNG Cocos-Keeling und Christmas I. bis Japan, Hawaii und Pitcairn

2 | Kupferstreifen-Falterfisch *Chelmon rostratus*
— Falterfische Chaetodontidae

EN—Copperband butterflyfish I **FR**—Chelmon commun

GRÖSSE 20 cm
BIOLOGIE An Küsten- und Innenriffen, auch in sandig-schlickigen Bereichen mit trübem Wasser. Territoriale Art. Einzeln oder paarweise. Frisst wirbellose Kleintiere, die mit dem Röhrenmaul auch aus kleinen Spalten aufgepickt werden; 1–25 m
VERBREITUNG Andamanensee und NW-Australien bis SW-Japan, Philippinen, PNG und GBR

3 ✓ | Schwarm-Wimpelfisch *Heniochus diphreutes*
— Falterfische Chaetodontidae

EN—Schooling bannerfish I **FR**—Poisson-cocher grégaire

GRÖSSE 18 cm
BIOLOGIE Bewohnt Außenriffe. Schnappt in teils großen Gruppen im Freiwasser vor dem Riff nach Zooplankton. Bevorzugt Bereiche mit aufströmendem, planktonreichem Tiefenwasser; 5–210 m.
VERBREITUNG Rotes Meer bis Hawaii

Kaiserfische

KAISERFISCHE — POMACANTHIDAE
Mit ihren Plakatfarben weit sichtbar ziehen vor allem große Kaiserfische fast schon majestätisch über das Riff. Dabei verhalten sie sich territorial: Große Pomacanthus-Arten besitzen ein Revier von über 1000 Quadratmetern, kleinere Centropyge-Arten dagegen haben Reviere von nur wenigen Quadratmetern.
KLEIDERWECHSEL Jungtiere der indopazifischen Pomacanthus-Arten sehen alle ähnlich aus, sind dunkelblau bis fast schwärzlich mit weißem Linienmuster. Mit dem Heranreifen zum erwachsenen Tier durchlaufen sie einen extremen Farbwechsel. Nach dessen Vollendung unterscheiden sich »des Kaisers neue Kleider« vollkommen von der jeweiligen Jugendform.
GESCHLECHTSWECHSEL Kaiserfische werden zunächst als Weibchen geschlechtsreif. Später können sie einen Geschlechtswechsel zum Männchen vollziehen (protogyne Zwitter). Die meisten zeigen keine Unterschiede im Farbkleid zwischen den Geschlechtern. Eine Ausnahme bildet die Gattung Genicanthus, bei der Weibchen und Männchen teilweise sehr unterschiedliche Farbzeichnungen aufweisen.

1 | Arabischer Kaiserfisch *Pomacanthus maculosus*
— Kaiserfische Pomacanthidae

EN—Arabian angelfish | **FR**—Poisson-ange géographe

GRÖSSE 50 cm
BIOLOGIE Einzelgänger, schwimmt gelegentlich auch paarweise. Wenig scheu, eine der größten Arten. Zu seiner Nahrung gehören Schwämme, Lederkorallen und Algen; 2-60 m.
VERBREITUNG Rotes Meer, Arabische Halbinsel bis Seychellen

2 ✓ | Imperator-Kaiserfisch *Pomacanthus imperator*
— Kaiserfische Pomacanthidae

EN—Emperor angelfish | **FR**—Poisson ange impérial

GRÖSSE 40 cm
BIOLOGIE Bevorzugt korallenreiche tiefe Lagunen, Küsten- und Außenriffe. Besitzt großes Heimrevier. Meist einzeln oder in Paaren, gelegentlich auch in Harems. Frisst Schwämme, Seescheiden, Nesseltiere und Algen; 3-80 m.
VERBREITUNG Rotes Meer bis Frz. Polynesien

Kaiserfische

1 | Pfauen-Kaiserfisch *Pygoplites diacanthus*
—Kaiserfische Pomacanthidae

EN—Royal angelfish | **FR**—Poisson-ange duc

GRÖSSE 25 cm
BIOLOGIE Einzeln oder paarweise; relativ häufig, aber scheu, flüchtet vor Tauchern schnell in Spalten und Löcher, in deren Nähe er sich meist aufhält. Ernährt sich von Schwämmen und Seescheiden; 1–80 m.
VERBREITUNG Rotes Meer bis Frz.-Polynesien

2 | Traum-Kaiserfisch *Pomacanthus narvachus*
—Kaiserfische Pomacanthidae

EN—Regal angelfish | **FR**—Poisson-ange amiral

GRÖSSE 28 cm
BIOLOGIE Meist einzeln, oft in Verstecknähe, relativ scheu. Zu seiner Nahrung gehören vor allem Schwämme und Seescheiden. Eher selten anzutreffen, außer in Indonesien; 3–30 m.
VERBREITUNG Indonesien bis Philippinen und Neuguinea

3 | Ring-Kaiserfisch *Pomacanthus annularis*
—Kaiserfische Pomacanthidae

EN—Bluering angelfish | **FR**—Poisson-ange à anneau

GRÖSSE 45 cm
BIOLOGIE Bevorzugt Küstenriffe mit mäßigem Korallenwuchs oder Felsareale, oft im trüben Wasser. Adulte häufig paarweise, sonst einzeln. Hält sich gern im Bereich von Höhlungen und an Wracks auf. Frisst Schwämme und Seescheiden; 5–45 m
VERBREITUNG Ostafrika bis SW-Japan, Philippinen und Salomonen

Kaiserfische

1 | Gelbmasken-Kaiserfisch *Pomacanthus xanthometopon*
—Kaiserfische Pomacanthidae

EN—Yellowface angelfish I **FR**—Poisson-ange à front jaune

GRÖSSE 38 cm
BIOLOGIE Bewohnt korallenreiche Lagunen und Außenriffhänge. Meist einzeln, teils auch paarweise. Frisst Schwämme und Seescheiden, 5-15 m
VERBREITUNG Malediven bis SW-Japan, westliches Mikronesien, GBR und Vanuatu

2 | Dreipunkt-Kaiserfisch *Apolemichthys trimaculatus*
—Kaiserfische Pomacanthidae

EN—Threespot angelfish I **FR**—Poisson-ange à trois taches

GRÖSSE 25 cm
BIOLOGIE Oft an steilen, korallenreichen Riffhängen; einzeln oder paarweise, relativ scheu. Ernährt sich vorwiegend von Schwämmen und Seescheiden. Jungtiere leben unterhalb von 25 m und sehr versteckt; 3–40 m.
VERBREITUNG Ostafrika, Malediven bis Samoa

3 | Rotmeer-Lyrakaiser *Genicanthus caudovittatus*
—Kaiserfische Pomacanthidae

EN—Zebra lyretail angelfish I **FR**—Poisson-ange zébré de l'Océan Indien

GRÖSSE bis 20 cm
BIOLOGIE Gewöhnlich in Haremsgruppen aus einem Männchen und 5 bis 9 Weibchen. Frisst vorwiegend Zooplankton. Männchen mit Zebramuster, Weibchen einheitlich blassgrau; 15–70 m (meist unterhalb 25 m).
VERBREITUNG Rotes Meer bis Malediven

Riffbarsche

RIFFBARSCHE—POMACENTRIDAE
KOMPARSEN Riffbarsche sorgen für quirliges Leben – mit ihrer großen Arten- und Individuenzahl und ihrer emsigen Lebhaftigkeit. Wären sie nicht, die Riffe wirkten ein gutes Stück ärmer. Doch so bedeutend sie für die Riffgemeinschaften sind, so wenig werden sie meist von Tauchern beachtet. Für sie sind Riffbarsche die Statisten auf der Bühne des Korallenriffs. Diese erfolgreiche, mit über 320 Arten große Familie besiedelt vor allem tropische Gewässer. Als Nahrung dienen ihnen oft Plankton oder Algen, manche sind Allesfresser. Die meisten Arten bleiben mit weniger als 10 cm Länge recht klein. Bereits zu den größten der Familie zählt der bis etwa 20 cm lange Indopazifik-Sergeant. An ihm lässt sich häufig das typische Brutverhalten von Riffbarschen gut beobachten. Zunächst wird eine ausgewählte Fläche auf festem Untergrund penibel gesäubert. Je nach Art werden schließlich bis über tausend klebrige Eier darauf abgelegt. Das Gelege wird bis zum Schlüpfen der Brut bewacht und mit sauerstoffeichem Frischwasser befächelt.

1 | Goldener Riffbarsch *Amblyglyphidodon aureus*
—Riffbarsche Pomacentridae

EN—Golden damselfish I **FR**—Demoiselle doré

GRÖSSE 14 cm
BIOLOGIE Schnappt nach Zooplankton im Freiwasser; bevorzugt an Außenriffhängen; 3–45 m.
VERBREITUNG Andamanensee, Cocos-Keeling bis Fidschi

2 ✓ | Indopazifik-Sergeant *Abudefduf vaigiensis*
—Riffbarsche Pomacentridae

EN—Indo-Pacific sergeant I **FR**—Sergent-major de Mer Rouge

GRÖSSE 20 cm
BIOLOGIE In Schwärmen, bevorzugt an oberen Riffrändern, wo er im Freiwasser nach Planktontierchen schnappt.
VERBREITUNG Rotes Meer bis Frz.-Polynesien

3 | Blaugrüner Chromis *Chromis viridis*
—Riffbarsche Pomacentridae

EN—Green chromis I **FR**—Demoiselle bleue

GRÖSSE 9 cm
BIOLOGIE In kleinen Schwärmen über Acropora-Astkorallen, in die er bei der geringsten Gefahr flüchtet; 0,5–12 m.
VERBREITUNG Rotes Meer bis Frz.-Polynesien

Riffbarsche

ANEMONENFISCHE

NESSELBETT Ohne ihre Wirtsanemonen wären sie leichte Beute für zahlreiche Fressfeinde. In kurzen Abständen baden Anemonenfische in dem mit Nesselkapseln bewehrten Tentakelwald und verbringen darin tief eingekuschelt auch die Nacht. Durch zunächst ganz vorsichtigen Kontakt haben sie schon als Jungfisch einen Nesselschutz erworben. Die Anemone ist ihnen daher eine exklusive Schutzburg, während andere Tiere von ihr genesselt würden. Anemonenfische verteidigen ihre Anemone energisch gegen Fische, die an den Tentakel fressen würden – tollkühn versuchen sie gelegentlich selbst Taucher als vermeintlichen Anemonenfeind zu vertreiben.

FRAUENPOWER Der größte und sozial dominante Fisch in einer Anemone ist stets ein Weibchen – der nächstkleinere ein Männchen. Die beiden bilden ein dauerhaftes Paar. Leben auf der Anemone neben diesem Paar weitere Exemplare, handelt es sich stets um Jungtiere. Stirbt das Weibchen, vollzieht das ranghöchste Männchen innerhalb etwa einer Woche einen Geschlechtswechsel und wird zum dominanten Weibchen.

1 | Orange-Ringel-Anemonenfisch *Amphiprion ocellaris*
— Riffbarsche Pomacentridae

EN—False clown anemone fish | **FR**—Poisson-clown à trois bandes

GRÖSSE 9 cm
BIOLOGIE In Lagunen und geschützten Außenriffen. Oft in kleinen Gruppen auf einer Anemone. Kommt in drei Wirtsanemonen vor, darunter wie im Foto auf der Prachtanemone (Heteractis magnifica); 1–15 m.
VERBREITUNG Andamanensee bis Philippinen und NW-Australien

2 | Clarks Anemonenfisch *Amphiprion clarkii*
— Riffbarsche Pomacentridae

EN—Clark's anemone fish | **FR**—Poisson-clown de Clark

GRÖSSE 14 cm
BIOLOGIE Verschiedene Farbvarianten, meist schwarz mit mehr oder weniger Orange im Kopfbereich. Hat von allen Anemonenfischen das größte Verbreitungsgebiet. Kommt in allen zehn Wirts-Anemonenarten vor; 1–55 m.
VERBREITUNG Arabischer Golf, Malediven bis Südjapan und Fidschi

Riffbarsche

1 | Malediven-Anemonenfisch *Amphiprion nigripes*
—Riffbarsche Pomacentridae

EN—Maldives anemone fish   I   **FR**—Poisson-clown des Maledives

GRÖSSE 11 cm
BIOLOGIE Kleines Verbreitungsgebiet; lebt ausschließlich mit der Prachtanemone (Heteractis magnifica) zusammen; 1 bis 25 m.
VERBREITUNG Malediven, Sri Lanka

2 | Halsband-Anemonenfisch *Amphiprion perideraion*
—Riffbarsche Pomacentridae

EN—Pink anemone fish   I   **FR**—Poisson-clown à collier

GRÖSSE 10 cm
BIOLOGIE Bewohnt die Prachtanemone, seltener mit drei weiteren Wirtsanemonen zusammen; 3–30 m.
VERBREITUNG SO-Thailand, Malaysia und Cocos-Inseln bis Samoa

3 | Schwarzflossen-Anemonenfisch
Amphiprion melanopus—Riffbarsche Pomacentridae

EN—Cinnamon clownfish   I   **FR**—Poisson-clown bistré

GRÖSSE 12 cm
BIOLOGIE Oft in großen Kolonien, bewohnt drei verschiedene Anemonenarten; 1–18 m.
VERBREITUNG Sulawesi und Molukken bis Frz.-Polynesien

Riffbarsche

1 | Glühkohlen-Anemonenfisch *Amphiprion ephippium*
— Riffbarsche Pomacentridae

EN—Saddle anemonefish   I   **FR**—Poisson-clown à selle

GRÖSSE 12 cm
BIOLOGIE Bewohnt geschützte Küstenriffe und Buchten. Sehr häufig in der Blasenanemone, daneben auch in der Leder-Anemone; 2–15 m
VERBREITUNG Andamanensee, Westmalaysia, Sumatra und Java

2 | Oranger Anemonenfisch *Amphiprion sandaracinos*
— Riffbarsche Pomacentridae

EN—Yellow clownfish   I   **FR**—Poissons clown doré

GRÖSSE 13 cm
BIOLOGIE In Lagunen und Außenriffen, bewohnt zwei Anemonenarten, meist in Mertens Anemone, seltener in der Lederanemone; 3–20 m
VERBREITUNG Sumatra bis NW-Australien, SW-Japan, Philippinen und Salomonen

3 | Stachel-Anemonenfisch *Premnas biaculeatus*
— Riffbarsche Pomacentridae

EN—Spinecheek anemonefish   I   **FR**—Poisson-clown à joues épineuses

GRÖSSE 11 cm, selten bis 16 cm
BIOLOGIE Lebt ausschließlich zusammen mit einer Anemonenart (*Entacmaea quadricolor*); 1–16 m.
VERBREITUNG Westindonesien bis Great Barrier Reef und Vanuatu

Lippfische

LIPPFISCHE—LABRIDAE
Diese Familie umfasst rund 500 Arten und zeigt eine charakteristische Schwimmweise: Der Vortrieb wird mit den Brustflossen erzeugt, die Schwanzflosse kommt nur bei hohen Geschwindigkeiten zum Einsatz, etwa bei der Flucht. Es sind tagaktive Fische, oft prächtig gefärbt, kleinere Arten dazu meist agile Schwimmer. Zur Nachtruhe graben sich vor allem kleine Arten in den Sand ein, größere suchen meist schützende Unterschlüpfe auf.
KLEIDERWECHSEL Vermutlich sind alle Lippfische Folgezwitter, wobei sich geschlechtsreife Weibchen später in ihrem Leben in geschlechtsreife Männchen umwandeln können. Alter und Geschlecht drücken sich bei vielen Arten in unterschiedlichen Farbkleidern aus.
REINIGUNGSKOMMANDO Putzerlippfische unterhalten Putzerstationen, an denen Fische von Hautparasiten und losen Hautstückchen befreit werden. Die Putzkunden bleiben dabei meist ruhig im Wasser stehen und lassen den Putzer sogar ins Maul und zwischen die Kiemen. Für die Kunden ist die Hauthygiene ein wichtiger Beitrag zu ihrer Gesundheit, und die Putzer bekommen so ihre Nahrung.

1 | **Napoleon** *Cheilinus undulatus*
—Lippfische Labridae

EN—Humphead wrasse I **FR**—Napoléon

GRÖSSE 230 cm
BIOLOGIE Größter Lippfisch, bis 190 kg schwer. Von Natur aus scheu, hat sich aber vielerorts an Taucher gewohnt. Nirgends häufig, belegt als Einzelgänger große Reviere. Frisst gepanzerte Wirbellose wie Schnecken, Muscheln, Seeigel. In vielen Gebieten stark dezimiert aufgrund großer Nachfrage südostasiatischer Restaurants; 1–60 m.
VERBREITUNG Rotes Meer bis Frz.-Polynesien

2 | **Besenschwanz-Lippfisch** *Cheilinus lunulatus*
—Lippfische Labridae

EN—Broomtail wrasse I **FR**—Vieille balayette

GRÖSSE 50 cm
BIOLOGIE Meist einzeln, an korallenreichen Riffrändern mit Sand- und Geröllflecken. Frisst vorwiegend bodenlebende Wirbellose wie Krebse, Schnecken und Muscheln. Laicht nachmittags bei Hochwasser entlang von Riffrändern, wobei ein Männchen mit einem Harem aus mehreren Weibchen zusammen ist; 0,5–30 m.
VERBREITUNG Rotes Meer bis Arabischer Golf

Lippfische

1 | Wangenstreifen-Lippfisch *Oxycheilinus diagrammus*
—Lippfische Labridae

EN—Bandcheek wrasse I **FR**—Vieille barbe noire

GRÖSSE 35 cm
BIOLOGIE In korallenreichen Lagunen und Außenriffen; schwimmt häufig ein gutes Stück über dem Grund. Ernährt sich räuberisch von kleinen Fischen. Nicht scheu, manchmal sogar neugierig. 2–60 m.
VERBREITUNG Rotes Meer bis Samoa

2 | Sechsstreifen-Junker *Thalassoma hardwicke*
—Lippfische Labridae

EN—Sixbar wrasse I **FR**—Girelle taches d'encre

GRÖSSE 20 cm
BIOLOGIE Bewohnt flache, korallenreiche Lagunen und Außenriffe mit klarem Wasser; oft schon ab dem Riffdach. Ernährt sich von Wirbellosen und kleinen Fischen des Bodens und des Freiwassers; 1–15 m.
VERBREITUNG Ostafrika bis Polynesien

3 | Schachbrett-Junker *Halichoeres hortulanus*
—Lippfische Labridae

EN—Checkerboard wrasse I **FR**—Lalo damier

GRÖSSE 27 cm
BIOLOGIE Agile, tagsüber immer in Bewegung befindliche Art. Häufig in klaren Lagunen und Außenriffen. Frisst wirbellose Tiere des Bodens. Männchen besetzen ein großes Revier; 1–30 m.
VERBREITUNG Rotes Meer bis Frz.-Polynesien

Lippfische

1 | Stülpmaul-Lippfisch *Epibulus insidiator*
— Lippfische Labridae

EN—Slingjaw wrasse | **FR**—Épibule gourami

GRÖSSE 35 cm
BIOLOGIE In korallenreichen und Außenriffen; Einzelgänger, relativ scheu. Ernährt sich von Garnelen, Krebsen und Fischen. Kommt in verschiedenen Farbvarianten vor, Weibchen meist durchgehend gelb; 1–30 m.
VERBREITUNG Rotes Meer bis Polynesien

2 | Herzog-Lippfisch *Bodianus anthioides*
— Lippfische Labridae

EN—Lyretail hogfish | **FR**—Labre à queue de lyre

GRÖSSE 21 cm
BIOLOGIE In tiefen Lagunen, Buchten und Einzelgänger Außenriffhängen. Einzelgänger. Die abweichend gefärbten Jungtiere stehen zu ihrem Schutz häufig dicht vor Gorgonien, Weichkorallen und buschartigen Schwarzen Korallen; 5–60 m. Die älteren Tiere schwimmen auf der Suche nach wirbellosen Bodentieren oft über Sand- und Geröllflächen des Riffs.
VERBREITUNG Rotes Meer und Ostafrika bis Südjapan, Line I. und Frz.-Polynesien

3 | Königs-Junker *Coris formosa*
— Lippfische Labridae

EN—Queen coris | **FR**—Girelle reine

GRÖSSE 60 cm
BIOLOGIE In korallenreichen, meist exponierten Riffen. Männchen mit Querbändern, (Foto, Weibchen). Schwimmt einzeln über Mischzonen mit Sand, Korallen und Geröll. Frisst hartschalige bodenlebende Wirbellose; 3–30 m.
VERBREITUNG Südl. Rotes Meer und Ostafrika bis Seychellen, Chagos, Malediven und Sri Lanka

Papageifische

PAPAGEIFISCHE — SCARIDAE
STEINBEISSER Papageifische sind schön anzusehen – und oft auch gut zu hören. Mit ihrem schnabelartigen Gebiss schaben sie winzige Algen von Fels- und Korallengestein ab, was weithin hörbare Kratzgeräusche verursacht. Sie schaben auch an lebenden Steinkorallen wegen der symbiontischen Algen in den oberen Skelettschichten. Manche beißen ganze Zweigenden von ästigen Korallen ab und zermalmen sie mit ihren mühlsteinartigen Schlundzähnen.

FARBENVIELFALT Papageifische können im Lauf ihres Lebens das Geschlecht vom Weibchen zum Männchen wechseln, wobei sich auch das Farbkleid ändert und bei älteren Männchen meist recht prächtig ist. Oft haben auch Jungtiere ein eigenständiges Farbkleid.

SCHLAFSACK Regelmäßig sieht man Papageifische bei Nachttauchgängen schlafend unter Überhängen oder eingezwängt in Spalten. Manche Arten umhüllen sich zusätzlich mit einem durchsichtigen Schleimkokon. Als Geruchsbarriere schützt dieser vor nachtaktiven Räubern wie Muränen, die ihre Beute mit dem Geruchssinn aufspüren.

1 | Büffelkopf-Papageifisch *Bolbometapon muricatum*
— Papageifische Scaridae

EN—Humphead parrotfish I **FR**—Perroquet bossu vert

GRÖSSE 130 cm
BIOLOGIE Größte Art in seiner Familie, wird mindestens 70 kg schwer. Ernährt sich von lebenden Korallen, von denen er ganze Zweige abbeißen kann, frisst außerdem Algen. Schläft nachts gruppenweise in großen Spalten und Höhlen. Scheu und in den meisten Gebieten selten; 1–50 m.
VERBREITUNG Rotes Meer bis Frz.-Polynesien

2 | Indischer Buckelkopf *Scarus strongylocephalus*
— Papageifische Scaridae

EN—Roundhead parrotfish I **FR**—Poisson-perroquet bleu

GRÖSSE 70 cm
BIOLOGIE Häufige, weitverbreitete und relativ große Art. Schwimmt einzeln oder paarweise in Lagunen und an Außenriffen. Selten sieht man erwachsene Tiere auch in Schulen umherstreifen. Weibchen sind bauchseits rötlich und am Rücken gelblich grün gefärbt; 2–35 m.
VERBREITUNG Golf von Aden bis Südwestindonesien

Papageifische

1 | Blauband-Papageifisch *Scarus ghobban*
—Papageifische Scaridae

EN—Blue-barred parrotfish   I   **FR**—Perroquet barbe bleue

GRÖSSE 75 cm
BIOLOGIE Meist in geschützten Fels- und Korallenriffen mit Sand- und Geröllböden, oft auch mit trüberem Wasser. Jungtiere auch gruppenweise über Seegraswiesen. Männchen blau-grün (Foto: Weibchen); 5-35 m.
VERBREITUNG Rotes Meer und Ostafrika bis SW-Japan, Galapagos, Panama und Frz.-Polynesien

2 | Rostnacken-Papageifisch *Scarus ferrugineus*
—Papageifische Scaridae

EN—Rusty parrotfish   I   **FR**—

GRÖSSE 40 cm
BIOLOGIE Männchen (**2a**) Blau mit Grün, Weibchen (**2b**) bräunlich mit gelbem Schwanz. Häufig, wenig scheu. Männchen territorial, mit Harem aus mehreren Weibchen. Kann sich zur Nachtruhe einen Schleimkokon produzieren; 1-60 m.
VERBREITUNG Rotes Meer bis Arabischer Golf

Papageifische

1 | Kugelkopf-Papageifisch *Chlororus sordidus*
—Papageifische Scaridae

EN—Bullethead parrotfish I **FR**—Perroquet marguerite

GRÖSSE 40 cm
BIOLOGIE Sehr häufige Art und nicht scheu. Bewohnt Lagunen, Riffdächer und Außenriffe; Jungtiere oft über Seegras und Geröll. Legt tagsüber teilweise große Strecken zwischen den Schlaf- und Weideplätzen zurück. 1–30 m.
VERBREITUNG Rotes Meer bis Polynesien

2 | Indische Langnase *Hipposcarus harid*
—Papageifische Scaridae

EN—Longnose parrotfish I **FR**—Poisson-perroquet chevalin

GRÖSSE 75 cm
BIOLOGIE In tiefen Lagunen, Buchten und halb geschützten Außenriffen. Oft über Sand- und Geröllflächen, weidet dort Fadenalgen ab. Häufig in kleinen Gruppen aus einem Männchen und mehreren Haremsweibchen; 1–30 m.
VERBREITUNG Rotes Meer bis Java

3 | Masken-Papageifisch *Cetoscarus bicolor*
—Papageifische Scaridae

EN—Bicolour parrotfish I **FR**—Perroquet ronille

GRÖSSE 80 cm
BIOLOGIE Jungtiere (Foto) dieser Art haben ein ganz eigenes Farbmuster. Sie schwimmen meist über kleinen Sandarealen zwischen Korallenblöcken umher und werden häufig von Tauchern beobachtet; 1-30 m.
VERBREITUNG Rotes Meer bis Frz.-Polynesien

Sandbarsche | Sandtaucher

SANDBARSCHE—PINGUIDIDAE
Typischerweise lauern diese Räuber, abgestützt auf den Bauchflossen und den Kopf etwas höher für einen besseren Überblick, auf Sandgrund, einige auch auf Geröll, Gestein oder Korallen. Im kurzen schnellen Vorstoß erbeuten sie Wirbellose und kleine Fische. Männchen sind territorial und haben einen Harem aus einigen Weibchen.

1 | Schwanzfleck-Sandbarsch *Parapercis hexophthalma*
— Sandbarsche Pinguididae

EN—Speckled sandperch | **FR**—Pinge pintade

GRÖSSE 28 cm
BIOLOGIE Häufig unterscheiden sich bei Sandbarschen Männchen und Weibchen durch leichte Abweichungen im Farbmuster. So auch bei dieser Art: Das Männchen hat Streifen an den Wangen, das Weibchen dagegen Punkte. Frisst wirbellose Bodentiere. Schläft nachts unter Geröll. Männchen mit Harem aus 2–5 Weibchen, Fortpflanzung bei Sonnenuntergang; 2–22 m.
VERBREITUNG Rotes Meer bis Fidschi

SANDTAUCHER—TRICHONOTIDAE
Diese extrem lang gestreckten Fische sind Folgezwitter, wobei sich die Weibchen später in Männchen umwandeln können. Die Männchen, erkennbar an fadenförmigen Strahlen in der Rückenflosse, die sie ebenso wie die breiten Brustflossen bei der Balz aufrichten, sind territorial und haben Harems. Ernähren sich von Zooplankton.

2 | Rotmeer-Sandtaucher *Trichonotus nikii*
— Sandtaucher Trichonotidae

EN—Red Sea sand-diver | **FR**—Anguille de sable

GRÖSSE 12 cm
BIOLOGIE Bewohnt geschützte Sandhänge in Buchten. Halten sich meist in kleinen Gruppen dicht, nicht mehr als 1–3 m, über dem Grund auf und schnappen nach Zooplankton. Bei Gefahr tauchen sie blitzschnell kopfüber in den Sandboden ein; hier verbringen sie schlafend auch die Nacht; 2–90 m.
VERBREITUNG Rotes Meer. In anderen Gebieten des Indopazifiks kommen sehr ähnliche Arten vor.

Thunfische und Makrelen | Dreiflosser

THUNFISCHE UND MAKRELEN — SCOMBRIDAE
Thunfische haben das ideale Design für Hochgeschwindigkeit: spindelförmiger, vorn starrer Körper mit schlankem Schwanzstil und hoher, sichelförmiger Schwanzflosse. Damit sind sie die absoluten Tempomacher im Meer und erreichen Spitzengeschwindigkeiten bis zu 95 Stundenkilometern. Unermüdlich legen sie große Strecken auf der Suche nach Nahrung zurück und fressen täglich bis zu einem Viertel ihres Körpergewichts.

1 | Einfarben-Thunfisch *Gymnosarda unicolor*
— Thunfische und Makrelen Scombridae

EN—Dogtooth tuna I **FR**—Thon dents de chien

GRÖSSE 220 cm
BIOLOGIE Weite Mundspalte mit großen Fangzähnen. Schwimmt einzeln oder in kleinen Gruppen, patrouilliert im Freiwasser entlang tiefer Lagunen, Kanäle und Außenriffe. Der schnelle Räuber macht besonders Jagd auf Füsiliere und andere Planktonfresser. Wenig scheu, gelegentlich verhält er sich sogar neugierig gegenüber Tauchern; 1–100 m.
VERBREITUNG Rotes Meer bis Frz.-Polynesien.

DREIFLOSSER — TRIPTERYGIIDAE
Dreiflosser heißen so wegen ihrer drei Rückenflossen. Es ist die einzige im Korallenriff vertretene Familie mit diesem markanten Merkmal, das jedoch meist schwierig zu erkennen ist, da die Flossen dicht hintereinanderstehen. Die recht kleinen, länglichen Bodenbewohner ernähren sich von wirbellosen Kleintieren des Bodens. Nicht nur ihrer geringen Größe wegen werden sie häufig übersehen, viele sind zudem gut getarnt.

2 | Gestreifter Dreiflosser *Helcogramma striata*
— Dreiflosser Tripterygiidae

EN—Striped triplefin I **FR**—Triptérygion strié

GRÖSSE 4 cm
BIOLOGIE Dies ist eine der wenigen, auffallend und attraktiv gefärbten Arten. Zudem ist sie häufig und wird daher oftmals beim Tauchen entdeckt. Die Tiere sitzen gern auf Korallen, Schwämmen und anderen Hartsubstraten. Sie kommen einzeln oder in kleinen Gruppen vor und lassen Taucher bei vorsichtiger Annäherung nah an sich heran.
VERBREITUNG Indonesien bis Line-Inseln; eine ähnliche Art auf den Malediven.

Schleimfische

SCHLEIMFISCHE — BLENNIIDAE
Die 350 Arten dieser Familie haben keine oder nur sehr kleine, glatte Schuppen, dafür eine schützende Schleimschicht.
SESSHAFT Sie leben auf Hartböden und haben eine kleine Wohnhöhle. Ihre Eier legen sie am Grund ab, in Spalten, unter Steinen oder in leere Muschelschalen. Häufig bewacht das Männchen das Gelege, teils auch beide Eltern. Die Männchen belegen Minireviere und verteidigen sie gegen Konkurrenten.
Zwei Gruppen leben im Korallenriff: Kammzähner haben kleine kammähnliche Zähnchen zum Abraspeln winziger Fadenalgen vom Hartgrund und zum Fressen kleiner Wirbelloser. Der Neonaugen-Kammzähner frisst Zooplankton. Säbelzähner sind Räuber mit langen, gekrümmten Eckzähnen und meist aktive Schwimmer. Einige Spezialisten beißen größeren Fischen Schuppen, Hautschleim oder sogar Flossenstücke ab.
WOLF IM SCHAFSPELZ Zu diesem Zweck zeigen manche Säbelzähner Mimikry von harmlosen Fischen. Der Falsche Putzerfisch etwa ahmt in Färbung und Schwimmweise den echten Putzerlippfisch (S. 104) nach, um sich seinen Opfern nähern zu können.

1 | Mimikry-Kammzähner *Escenius gravieri*
— Schleimfische Blenniidae

EN—Red Sea mimic blenny I **FR**—

GRÖSSE 8 cm
BIOLOGIE Ahmt zum Schutz vor Fressfeinden den giftigen Schwarzstreifen-Säbelzähner nach; 2–20 m.
VERBREITUNG Rotes Meer bis Golf von Aden

2 | Neonaugen-Kammzähner *Escenius midas*
— Schleimfische Blenniidae

EN—Midas blenny I **FR**—

GRÖSSE 13 cm
BIOLOGIE Blaugraue und gelbe Variante, letztere ahmt den Juwelen-Fahnenbarsch (S. 62) nach, mischt sich unter dessen Schwärme; 2–35 m.
VERBREITUNG Rotes Meer bis Polynesien

3 | Blaustreifen-Säbelzähner *Plagiotremus rhinorhynchus*
— Schleimfische Blenniidae

EN—Bluestriped fangblenny I **FR**—Blennie à bandes bleues

GRÖSSE 12 cm
BIOLOGIE Beißt Fischen Flossenteile und Schuppen ab. Jungtiere ahmen Junge des Gemeinen Putzerlippfisches nach; 1–40 m.
VERBREITUNG Rotes Meer bis Frz.-Polynesien

Leierfische

LEIERFISCHE — CALLIONYMIDAE
Leierfische stellen mit etwa 125 Arten eine relativ große Familie dar. Dennoch werden sie nicht allzu oft wahrgenommen. Die meisten bleiben recht klein, mehr oder weniger deutlich unter 10 cm Länge. Zudem handelt es sich bei allen um bodengebundene Formen, die sich vielfach auf Sand- oder Schlammböden aufhalten – nicht gerade von Tauchern bevorzugte Lebensräume. Schließlich können sich viele Arten in den Sand eingraben und tun dies tagsüber auch häufig. Als wäre es nicht genug, sind die meisten Arten auch noch dem Untergrund entsprechend gefärbt, also gut getarnt. Fast könnte man sie hier also unerwähnt lassen, wären da nicht einige spektakulär gefärbte Arten, die in verschiedenen Tauchgebieten Lieblinge besonders von Fotografen sind – den Balztanz von Mandarinfischen, besonders begehrten Fotomodels, jedenfalls lässt sich kaum jemand entgehen. Bei Leierfischen sind die Männchen meist farbenprächtiger; der Paarung voraus geht ein ausgedehntes Balzritual.

1 | Mandarinfisch *Synchiropus splendidus*
— Leierfische Callionymidae

EN—Mandarin fish I **FR**—Poisson-mandarin

GRÖSSE 6 cm
BIOLOGIE Stellenweise häufig, doch versteckt auf Weichböden mit dichtem Geröll oder in Korallenzweigen. Kommt auch in trüben Gewässern vor. Zur Paarung in der Abenddämmerung schwimmen sie paarweise mit Körperkontakt vom Boden steil nach oben; 3–30 m.
VERBREITUNG Indonesien, Südjapan, Philippinen bis Neuguinea

2 | Finger-Leierfisch *Dactylopus dactylopus*
— Leierfische Callionymidae

EN—Fingered dragonet I **FR**—Dragonnet dactylé

GRÖSSE 18 cm
BIOLOGIE Bewohnt geschützte, riff- oder ufernahe Sand- und Schlammböden. Tagsüber oft eingegraben; richtet bei Beunruhigung Rückenflossen auf. Ernährt sich von kleinen bodenlebenden Wirbellosen; 1–55 m.
VERBREITUNG Tropischer Westpazifik, z. B. Philippinen, Indonesien, Papua-Neuguinea

Grundeln

GRUNDELN—GOBIIDAE
GROSSFAMILIE Grundeln sind mit über 2000 Arten die größte Familie von Meeresfischen. Es sind durchweg kleine bodengebundene Fische ohne Schwimmblase. Manche Arten zeigen Geschlechtswechsel, andere nicht. Viele bewohnen Löcher, teils selbst, teils von anderen Tieren angelegte.
AUFPASSER UND BAUARBEITER Einige leben in enger Symbiose mit Pistolenkrebsen. Der fast blinde Krebs buddelt im Sandgrund eine bis 50 cm lange Wohnröhre, teils mit mehreren Eingängen. Die Grundel frisst winzige Wirbellose, auch solche, die aufgrund ständiger Grab- und Ausbesserungsarbeiten des Krebses freigelegt werden. Im Gegenzug für den Unterschlupf auf ansonsten deckungsfreiem Sandboden übernimmt der Fisch in dieser Partnerschaft das Aufpassen. Kommt der Krebs zum Abladen einer Fuhre Sand ins Freie, hält er mit einer Antenne stets Kontakt zur Grundel. Die flüchtet bei der geringsten Beunruhigung zusammen mit dem dadurch alarmierten Krebs tief in die Wohnröhre.
Übrigens: Eine nur 8 mm lange Grundel (*Trimmaton natans*) von den Malediven ist das weltweit kleinste Wirbeltier überhaupt.

1 | Goldstirn-Schläfergrundel *Valenciennea strigata*
—Grundeln Gobiidae

EN—Gold-headed sleeper goby | **FR**—Gobie akahachihaze

GRÖSSE 18 cm
BIOLOGIE Jungtiere in Gruppen, Erwachsene meist paarweise und nah beisammen, 1–20 m.
VERBREITUNG Südliches Rotes Meer bis Frz.-Polynesien

2 | Zitronen-Korallengrundel *Gobiodon citrinus*
—Grundeln Gobiidae

EN—Citron goby | **FR**—Gobie corail citron

GRÖSSE 6,5 cm
BIOLOGIE Hockt in verzweigten Korallen, einzeln oder gruppenweise. Hat einen bitteren, evtl. giftigen Hautschleim (Fraßschutz); 1–25 m.
VERBREITUNG Rotes Meer bis Samoa

3 | Krabbenaugen-Grundel *Signigobius biocellatus*
—Grundeln Gobiidae

EN—Signal goby | **FR**—Gobie à deux ocelles

GRÖSSE 6,5 cm
BIOLOGIE Bewohnt geschützte Riffe. Die Scheinaugen dienen als Abschreckung, da sie Größe vortäuschen; 1–30 m.
VERBREITUNG Indonesien und Philippinen bis Salomonen und Great Barrier Reef

Grundeln

1 | Maiden-Schläfergrundel *Valenciennea puellaris*
—Grundeln Gobiidae

EN—Orange-dash goby | **FR**—Gobie dormeur à taches orange

GRÖSSE 14 cm
BIOLOGIE Baut Höhlen unter Geröllbrocken, trägt Sand mit dem Maul weg. Meist paarweise am Höhleneingang, flüchtet bei Gefahr blitzschnell in ihre Höhle, frisst winzige Wirbellose; 2-30 m.
VERBREITUNG Rotes Meer bis Samoa

2 | Aurora-Wächtergrundel *Amblyeleotris aurora*
—Grundeln Gobiidae

EN—Aurora goby | **FR**—Amblyeleotris aurora

GRÖSSE 9 cm
BIOLOGIE Bewohnt grobe Korallensandflächen, auf Riffdächern und ebenen Außenriffarealen. Lebt in Symbiose mit dem Knallkrebs, *Alpheus randalli*; 1-35 m.
VERBREITUNG Ostafrika bis Malediven und Andamanensee

3 | Peitschenkorallen-Zwerggrundel
Bryaninops yongei—Grundeln Gobiidae

EN—Whipcoral goby | **FR**—Gobie nain des Antipathaires

GRÖSSE 3 cm
BIOLOGIE Ausschließlich auf Peitschenkorallen, oft zwei Tiere auf einer Koralle. Verlassen diese nicht und huschen bei Beunruhigung schnell auf die abgewandte Seite; 3-45 m.
VERBREITUNG Rotes Meer bis Polynesien

Kieferfische | Torpedogrundeln

KIEFERFISCHE — OPISTOGNATHIDAE
Kieferfische haben einen massigen Kopf, Augen und Maul sind sehr groß, doch sie ernähren sich von Zooplankton. Mit ihren kräftigen Kiefern bauen sie nahezu senkrechte Wohnröhren in Sand- oder Geröllgrund, die sie von innen mit Steinchen, Korallen- und Muschelbruch befestigen. Ihr Unterschlupf erinnert an einen gemauerten Brunnen, was ihnen den Populärnamen Brunnenbauer einbrachte. Alle Arten sind Maulbrüter.

1 | Randalls-Brunnenbauer *Opistognathus randalli*
— Kieferfische Opistognathidae

EN—Gold-specs jawfish | **FR**—

GRÖSSE 11 cm
BIOLOGIE Schaut die meiste Zeit nur mit dem Kopf aus der Wohnröhre hervor. Das Männchen nimmt nach der Paarung die befruchteten Eier in sein Maul. Dieser Ballen aus Hunderten Eiern ist im Maul des Männchens gut geschützt und wird mit sauerstoffreichem Frischwasser versorgt. Nach etwa 5 Tagen schlüpfen die Jungen und sind dann auf sich gestellt; 3–20 m.
VERBREITUNG Indonesien bis Philippinen

TORPEDOGRUNDELN — PTERELEOTRIDAE
Torpedo- oder Pfeilgrundeln sind kleine, lang gestreckte Fische, die Sand-, Kies-, Geröll- oder Schlickböden bewohnen. Typischerweise leben sie paarweise, manche auch in kleinen oder größeren Gruppen. Sie entfernen sich nie weit von ihrem Unterschlupf, in den sie bei Gefahr blitzschnell flüchten. Sie ernähren sich von Zooplankton, das sie über dem Grund schwebend aus dem vorbeiströmenden Wasser schnappen.

2 | Feuer-Schwertgrundel *Nemateleotris magnifica*
— Torpedogrundeln Pereleotridae

EN—Fire dartfish | **FR**—Poisson de feu

GRÖSSE 7 cm
BIOLOGIE Relativ häufig auf Hartböden, oft paarweise, aber auch einzeln oder in Gruppen; schwebt dicht über dem Grund, frisst Zooplankton, flieht bei Gefahr blitzschnell in ihre Wohnröhre; 6–60 m.
VERBREITUNG Ostafrika bis Hawaii und Pitcairninseln

Fledermausfische

FLEDERMAUSFISCHE — EPHIPPIDAE
Sie gehören zu den Lieblingen der Taucher und Fotografen. Fledermausfische sind groß, attraktiv und überhaupt nicht scheu. Mehr noch, oft sind sie sogar neugierig und umkreisen Taucher, besonders an regelmäßig betauchten Plätzen. Zudem treten sie meist in fotogenen Gruppen auf, gelegentlich sogar in größeren Schwärmen. Nicht selten sind sie auch in Putzstationen zu beobachten. Sie können rasch die Helligkeit der Färbung verändern, von silbrig weiß bis rauchartig dunkel.
BLATTFALL Fledermausfische haben einen seitlich stark abgeflachten, diskusförmigen Körper und ein für ihre Größe recht kleines Maul mit bürstenähnlichen Zähnchen. Die Jungtiere zeigen in Färbung und im Körperbau deutliche Abweichungen. Sie haben stark verlängerte Rücken-, After- und Bauchflossen, die mit zunehmendem Alter kleiner werden. Die Jungtiere mancher Arten lassen sich bei Gefahr seitlich kippen und ahmen ein im Schwell hin und her schaukelndes Blatt nach.

1 | Langflossen-Fledermausfisch *Platax teira*
— Fledermausfische Ephippidae

EN—Longfin spadefish | **FR**—Platax à longues nageoires

GRÖSSE 60 cm
BIOLOGIE Einzeln oder in Schulen, am Riffhang oder ein kleines Stück davor im Freiwasser. Jungtiere dicht am Riff, bevorzugt in flachen, geschützten Bereichen; 1-20 m.
VERBREITUNG Rotes Meer bis Fidschi

2 | Rundkopf-Fledermausfisch *Platax orbicularis*
— Fledermausfische Ephippidae

EN—Circular spadefish | **FR**—Poule d'eau

GRÖSSE 57 cm
BIOLOGIE Einzeln oder in Schulen, oft entlang steiler Hänge. Jungtiere leben pelagisch, kommen gelegentlich in Buchten, in geschützten Bereichen wie Schiffsanleger vor, wo sie in Färbung und Bewegung sehr täuschend ein abgestorbenes Blatt nachahmen; 2-34 m.
VERBREITUNG Rotes Meer bis Frz. Polynesien

Kaninchenfische

KANINCHENFISCHE — SIGANIDAE
GESELLIG Kaninchenfische ziehen paarweise oder in Gruppen, manche in Schwärmen bis mehrere 100 Tiere, umher. Rund die Hälfte der etwa 30 Arten leben als Jungtiere in Schulen, bilden später aber Paare. Die anderen bleiben lebenslang in Schulen.

Zur Nachtruhe legen sich Kaninchenfische seitlich auf den Boden, ohne dabei eine geschützte Stelle aufzusuchen. Sie sind zum raschen Farbwechsel befähigt. Zum Schlafen nehmen sie eine Tarnfärbung an. Das Farbkleid wird dann diffuser, mit Marmorierungen und Sprenkeln.

MÜMMELMÄNNER Man sieht Kaninchenfische kaum einmal ruhen. Meist streifen sie unermüdlich auf Nahrungssuche umher. Sie fressen vor allem Algen und Seegras, daneben auch Wirbellose wie Seescheiden und Schwämme. Beim Fressen macht der kleine Mund mit verdickter Oberlippe charakteristisch mümmelnde Bewegungen. Ein Merkmal, dem sie ihren Namen verdanken.

VORSICHT Den friedfertigen Tieren traut man es kaum zu, aber sie sind reichlich mit giftigen Flossenstrahlen bewehrt. Diese dienen der Verteidigung und können schmerzhafte Wunden verursachen.

1 | Zweiband-Kaninchenfisch *Siganus virgatus*
— Kaninchenfische Siganidae

EN—Two-barred rabbitfish I **FR**—Sigan à deux bandes

GRÖSSE 33 cm
BIOLOGIE Schwimmt meist paarweise, in flachen Küstengewässern; dringt auch in Süßwasser vor; 2-25 m.
VERBREITUNG Südindien bis Westpapua

2 | Tüpfel-Kaninchenfisch *Siganus stellatus laqueus*
— Kaninchenfische Siganidae

EN—Gold-spotted rabbitfish I **FR**—

GRÖSSE 40 cm
BIOLOGIE Häufig, wenig scheu. Erwachsene in Paaren, Jungtiere in Gruppen. Streift durch große Reviere, frisst Fadenalgen; 1–40 m.
VERBREITUNG Rotes Meer, Golf von Aden

3 | Indischer Kaninchenfisch *Siganus guttatus*
— Kaninchenfische Siganidae

EN—Golden rabbitfish I **FR**—Sigan raies d'or

GRÖSSE 43 cm
BIOLOGIE Jungtiere oft zwischen Seegras, Erwachsene bilden kleine Schulen an Küstenriffen; 2–15 m.
VERBREITUNG Andamanensee bis Westpapua

Doktorfische

DOKTORFISCHE—ACANTHURIDAE
Die Familie unterteilt sich in Skalpell-, Nasen- und Sägedoktorfische. Erstere grasen meist winzige Fadenalgen vom Gestein ab. Andere, vor allem die meisten Naso-Arten, ernähren sich von Zooplankton. Gemeinsam mit anderen Algenfressern haben die grasenden Doktorfische eine wichtige Funktion für das ökologische Gleichgewicht im Riff. In einem Experiment wurden einmal algenfressende Fische durch Drahtnetze daran gehindert, in bestimmte Riffabschnitte zu schwimmen. In diesen kam es innerhalb kürzester Zeit zu einem explosionsartigen Wachstum von Fadenalgen, welche die Steinkorallen durch Überwuchern massiv beeinträchtigten.
STILETTOS Messerscharfe Knochenklingen beiderseits am Schwanzstil gaben der Familie ihren Namen. Die Skalpelldoktorfische haben auf jeder Seite eine in einer Grube liegende Klinge. Wird der Schwanz seitlich gebogen, springt auf der nach außen gekrümmten Körperseite die Klinge wie bei einem Klappmesser hervor. Nasen- und Sägedoktorfische dagegen haben feststehende Klingen.

1 Weißkehl-Doktorfisch *Acanthurus leucosternon*
—Doktorfische Acanthuridae

EN—Powderblue surgeonfish I
FR—Poisson-chirurgien à poitrine blanche

GRÖSSE 23
BIOLOGIE Bewohnt klare Außenriffdächer; schwimmt einzeln, gelegentlich auch in großen Ansammlungen; 1-25 m.
VERBREITUNG Ostafrika bis Westindonesien

2 Grauer Doktorfisch *Acanthurus mata*
—Doktorfische Acanthuridae

EN—Yellowmask surgeonfish I **FR**—Chirurgien pâle

GRÖSSE 50 cm
BIOLOGIE Oft in Ansammlungen an Riffrändern. Frisst Zooplankton. Zeigt Farbwechsel an Putzerstationen; 5–45 m.
VERBREITUNG Rotes Meer bis Frz.-Polynesien

3 Arabischer Doktorfisch *Acanthurus sohal*
—Doktorfische Acanthuridae

EN—Sohal surgeonfish I **FR**—Poisson-chirurgien zébré

GRÖSSE 40 cm
BIOLOGIE Häufig an Riffdachrändern, gern im Dreimeterbereich. Männchen verteidigen kleine Fressreviere; 0,3–10 m.
VERBREITUNG Rotes Meer bis Arabischer Golf

Doktorfische

1 Sträflings-Doktorfisch *Acanthurus triostegus*
—Doktorfische Acanthuridae

EN—Convict surgeonfish I **FR**—Chirurgien-bagnard

GRÖSSE 27 cm
BIOLOGIE Zieht gewöhnlich in großen Ansammlungen über das Riff; kann daher, obwohl er eine relativ kleine Art ist, in Territorien anderer Algenfresser eindringen; 1–90 m.
VERBREITUNG Ostafrika bis Panama

2 Blaustreifen-Doktorfisch *Acanthurus lineatus*
—Doktorfische Acanthuridae

EN— Lined surgeonfish I **FR**— Chirurgien zèbre

GRÖSSE 38 cm
BIOLOGIE Häufig in der Brandungszone von Außenriffdächern und exponierten Riffrändern. Sehr territorial, große Männchen haben Fressterritorien und Harems, die sie aggressiv verteidigen.Weidet Algen ab; 0,2-6 m.
VERBREITUNG Ostafrika bis SW-Japan, Mikronesien und Frz.-Polynesien

3 Rammkopf-Doktorfisch *Acanthurus bariene*
—Doktorfische Acanthuridae

EN—Black-spot surgeonfish I **FR**—Chirurgien à larme

GRÖSSE 42 cm
BIOLOGIE In Küsten- und Außenriffen mit klarem Wasser. Die Stirnvorwölbung vergrößert sich mit dem Alter. Streift oder in kleinen Gruppen einzeln über das Riff und weidet Aufwuchsalgen ab; 6-50 m.
VERBREITUNG Ostafrika bis SW-Japan, Palau, Salomonen und GBR

Doktorfische

1 | Paletten-Doktorfisch *Paracanthurus hepatus*
—Doktorfische Acanthuridae

EN—Palette surgeonfish I **FR**—Chirurgien palette

GRÖSSE 26 cm
BIOLOGIE Bevorzugt klare, strömungsreiche Außenriffe. Schwimmt in kleinen, lockeren Gruppen 1-3 Meter über dem Grund und frisst Zooplankton. Jungtiere halten sich häufig im Schutz von ästigen Korallen auf; 2–40 m.
VERBREITUNG Ostafrika bis SW-Japan, Line I. und Samoa

2 | Blauer Segelflosser *Zebrasoma xanthurum*
—Doktorfische Acanthuridae

EN—Yellowtail tang I **FR**—Acanthure à queue jaune

GRÖSSE 22 cm
BIOLOGIE Bewohnt korallenreiche Riffabschnitte mit Kanälen und Höhlen. Einzeln oder in kleinen Gruppen. Weidet Fadenalgen von toten Korallen, Geröll und Felsen ab; 0,5–22 m.
VERBREITUNG Rotes Meer bis Arabischer Golf und Sri Lanka

3 | Blauschwanz-Nasendoktor *Naso hexacanthus*
—Doktorfische Acanthuridae

EN—Sleek unicornfish I **FR**—Nason lisse

GRÖSSE 75 cm
BIOLOGIE Häufige Art, gewöhnlich in Gruppen, entfernt sich meist nur wenige Meter vom Riff. Ernäht sich von großem Zooplankton. Ist zu schnellem Farbwechsel fähig; 6–137 m.
VERBREITUNG Rotes Meer bis SW-Japan, Hawaii, Mikronesien, Frz.-Polynesien und Pitcairn

Doktorfische

1 | Masken-Nasendoktor *Naso vlamingi*
—Doktorfische Acanthuridae

EN—Bignose unicornfish | **FR**—Nason à gros nez

GRÖSSE 75 cm
BIOLOGIE Schwimmt gewöhnlich in losen Gruppen an Riffkronen und jagt großes Zooplankton. Zeigt dramatischen und schnellen Farbwechsel an Putzerstationen und bei der Balz; 4–50 m.
VERBREITUNG Ostafrika bis Frz.-Polynesien

2 | Indischer Gelbklingen-Nasendoktor
Naso elegans—Doktorfische Acanthuridae

EN—Elegant unicornfish | **FR**—Nasique à éperons orange

GRÖSSE 45 cm
BIOLOGIE In Lagunen und Außenriffen, relativ häufig. Teils in kleinen, lockeren Gruppen. Weidet Algen von toten Korallen, Fels- und Geröllböden ab. Gelegentlich beanspruchen große Männchen ein Revier, Laicht paarweise ab; 1–90 m.
VERBREITUNG Rotes Meer und Ostafrika bis S-Oman, Andamanensee und Bali

3 Schärpen-Nasendoktor *Naso brevirostris*
—Doktorfische Acanthuridae

EN—Spotted unicornfish | **FR**—Nasique

GRÖSSE 60 cm
BIOLOGIE In tiefen Lagunen und an Außenriffhängen. Meist in kleinen Gruppen im Freiwasser vor dem Riff, wo er Zooplankton frisst. Juvenile und Subadulte dagegen weiden Aufwuchsalgen ab. Die Art kann abrupt die Färbung wechseln, zwischen sehr dunkelbraun und blass weißlich; 1–50 m.
VERBREITUNG Rotes Meer und Ostafrika bis SW-Japan, Hawaii und Ducie I.

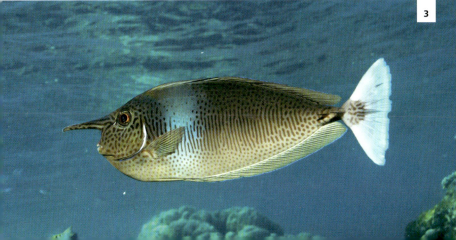

Halfterfische | Barrakudas

HALFTERFISCHE — ZANCLIDAE
Flüchtig betrachtet könnte er als Wimpelfisch (S. 93, Familie Falterfische) durchgehen. Doch mit diesen ist er nicht einmal näher verwandt, stattdessen mit den Doktorfischen. Davon abgesehen, steht er ziemlich allein da, denn die Familie der Halfterfische besteht nur aus einer einzigen Art, eben dem Halfterfisch.

1 Halfterfisch *Zanclus cornutus*
— Halfterfische Zanclidae

EN—Moorish idol | **FR**—Tranchoir

GRÖSSE 22 cm
BIOLOGIE Bewohnt Fels- und Korallenriffe, zieht paarweise oder in kleinen Gruppen, gelegentlich auch in großen Schulen über das Riff. Als Nahrung dienen vorwiegend Schwämme, daneben auch andere Tiere und Pflanzen. Das pelagische Larvenstadium ist sehr lang, daher sein großes Verbreitungsgebiet. Erst fast ausgewachsen lässt er sich im Riff nieder; 1-145 m.
VERBREITUNG Ostafrika, Malediven bis Mexiko

BARRAKUDAS — SPHYRAENIDAE
Barrakudas sind kräftige, aktive Räuber. Sie können enorm schnell beschleunigen, schneller als jeder andere Meeresfisch, und machen ihre Beute im blitzschnellen Vorstoß. Mit seinen kräftigen Kiefern und scharfen Zähnen kann ein Barrakuda einen Fisch, der so groß ist wie er selbst, leicht mit einem Biss in zwei Hälften teilen.

2 Großer Barrakuda *Sphyraena barracuda*
— Barrakudas Sphyraenidae

EN—Great barracuda | **FR**—Barracuda

GRÖSSE 190 cm
BIOLOGIE Jungtiere häufig in Gruppen, Erwachsene gewöhnlich Einzelgänger. Steht oft unbeweglich im Freiwasser vor oder über dem Riff. Neugierig, kann sich Tauchern nähern; jedoch generell nicht gefährlich, wenn er nicht provoziert wird; 1-198 m.
VERBREITUNG Rotes Meer bis Polynesien und tropischer Atlantik

Drückerfische

DRÜCKERFISCHE — BALISTIDAE
Drückerfische legen ihre Eier in flache, selbst gebaute Sandmulden. Das Gelege wird gegen Nesträuber verteidigt, von wenigen großen Arten auch gegen Taucher. In solch einer Situation sollte man sofort vom Nest wegschwimmen. Außerhalb der kurzen Laichzeit sind selbst die größten Arten friedfertig.

KNACKIGE KOST Drückerfische haben kräftige Kiefer mit meißelartigen Zähnen. Damit knacken sie auch hartschalige Nahrung wie Muscheln, Schnecken, Korallen, Seeigel und Krebse. Beute, die im Sand verborgen liegt, blasen sie oft mit einem Wasserstrahl frei. Öfter zu beobachten bei dieser Technik sind vor allem größere Arten.

VERANKERT Bei Gefahr flüchten Drückerfische in Spalten des Riffs – so auch zur Nachtruhe. Sie verkeilen sich durch Aufrichten des ersten Stachels der Rückenflosse. In eine Einbuchtung an seiner Basis schiebt sich der untere Teil des zweiten Stachels. Dadurch ist der erste Stachel in aufgerichteter Position arretiert. Der Fisch ist nun in seinem Versteck sicher verankert, ein Räuber täte sich schwer, ihn herauszuziehen.

1 | Arabischer Picassodrücker *Rhinecanthus assasi*
— Drückerfische Balistidae

EN—Picasso triggerfish | **FR**—Baliste picasso arabe

GRÖSSE 30 cm
BIOLOGIE Territorialer Einzelgänger, meist in der Nähe von Versteckplätzen. Mäßig scheu; 1 25 m.
VERBREITUNG Rotes Meer bis Arabischer Golf

2 | Orangestreifen-Drückerfisch *Balistapus undulatus*
— Drückerfische Balistidae

EN—Orange-lined triggerfish | **FR**—Baliste ondulé

GRÖSSE 30 cm
BIOLOGIE Legt zur Brutzeit eineflache Nestmulde in Sand oder Geröll an. Einzeln oder in kleinen Gruppen; 1–50 m.
VERBREITUNG Rotes Meer bis Frz.-Polynesien

3 | Rotzahn-Drückerfisch *Odonus niger*
— Drückerfische Balistidae

EN—Redtoothed triggerfish | **FR**—Baliste dents rouges

GRÖSSE 40 cm
BIOLOGIE An strömungsreichen Außenhängen, oft in großen Ansammlungen im Freiwasser Zooplankton schnappend; 3–55 m.
VERBREITUNG Rotes Meer bis Frz.-Polynesien

Drückerfische

1 | Riesen-Drückerfisch *Balistoides viridescens*
—Drückerfische Balistidae

EN—Titan triggerfish   I   **FR**—Baliste olivâtre

GRÖSSE 75 cm
BIOLOGIE Größte Art, gewöhnlich einzeln, nicht scheu. Bei der Brutpflege paarweise, legt Eier in flachen Sandmulden ab. Achtung: attackiert auch Taucher, die dem Gelege zu nahe kommen; 1–40 m.
VERBREITUNG Rotes Meer bis Frz.-Polynesien

2 | Blaustreifen-Drückerfisch *Pseudobalistes fuscus*
—Drückerfische Balistidae

EN—Yellow-spotted triggerfish   I   **FR**—Baliste jaune et bleu

GRÖSSE 55 cm
BIOLOGIE Ist gelegentlich dabei zu beobachten, wie er mit einem Wasserstrahl Sand wegbläst, um Beute freizulegen; 0,5-50 m.
VERBREITUNG Rotes Meer bis Frz.-Polynesien

3 | Gelbsaum-Drückerfisch
Pseudobalistes flavimarginatus —Drückerfische Balistidae

EN—Yellow-margin triggerfish   I   **FR**—Baliste face jaune

GRÖSSE 60 cm
BIOLOGIE Oft in Lagunen und in Buchten mit Seegras. Frisst Korallen und bodenlebende Wirbellose, die er mit einem Wasserstrahl freibläst. Kann bei der Bewachung seines Geleges aggressiv sein; 2–50 m.
VERBREITUNG Rotes Meer bis Frz.-Polynesien

Drückerfische

1 | **Leoparden-Drückerfisch** *Balistoides conspicillum*
—Drückerfische Balistidae

EN—Clown triggerfish I **FR**—Baliste clown

GRÖSSE 50 cm
BIOLOGIE Scheuer Einzelgänger mit großem Revier; an klaren, korallenreichen Außenriffen; Jungtiere mit abweichendem Farbkleid und meist unterhalb von 20 m in Bereichen mit vielen Versteckmöglichkeiten; 1–75 m.
VERBREITUNG Ostafrika bis Samoa

2 | **Witwen-Drückerfisch** *Melichthys vidua*
—Drückerfische Balistidae

EN—Pinktail triggerfish I **FR**—Baliste veuf

GRÖSSE 35 cm
BIOLOGIE Bewohnt klare Außenriffhänge. Schwimmt einzeln oder in lockeren Gruppen, bis einige Meter über dem Grund. Frisst Algen, verschiedene Wirbellose wie Krebse und Schwämme, sowie kleine Fische. 4–60 m.
VERBREITUNG Ostafrika bis Südjapan, Hawaii, Galapagos und Frz.-Polynesien

3 | **Blaukehl-Drückerfisch** *Xanthichthys auromarginatus*
—Drückerfische Balistidae

EN—Gilded triggerfish I **FR**—Baliste à liseré d'or

GRÖSSE 22 cm
BIOLOGIE Bevorzugt an Außenriffhängen. Schwimmt häufig in lockeren Ansammlungen einige Meter über dem Riff und jagt im freien Wasser Zooplankton; 15–150 m.
VERBREITUNG Mauritius bis SW-Japan, Mikronesien, Hawaii und Frz.-Polynesien

Feilenfische

FEILENFISCHE—MONACANTHIDAE
Feilenfische sind langsame, bedächtige Schwimmer, können sehr gut manövrieren und schweben oft reglos auf der Stelle. Kleinere Arten leben meist versteckt oder getarnt und halten sich gern nahe dem Untergrund auf. Diesem sind sie farblich häufig angepasst – etwa an Seegräser, Horn- oder Weichkorallen. Die meisten Feilenfische leben einzeln oder in Paaren, manchmal auch in kleinen Gruppen und haben ein breites Nahrungsspektrum. Dazu gehören Algen, Seegras, Schwämme, Würmer und Krebse. Einige Arten sind dagegen echte Nahrungsspezialisten.
RAUE SCHALE Feilenfische sind nah verwandt mit den Drückerfischen. Wie diese haben sie einen verlängerten ersten Rückenflossenstachel, der aufgerichtet und zurückgeklappt werden kann. Sie haben eine ledrig zähe Haut mit sehr kleinen Schuppen, die winzige Dörnchen tragen, und sich sandpapierartig rau anfühlt. Daher der Name Feilenfisch.
Eine interessante Mimikry zeigt der ungiftige Schwarzsattel-Feilenfisch, indem er den giftigen Sattel-Spitzkopfkugelfisch täuschend ähnlich nachahmt.

1 | Schrift-Feilenfisch *Aluterus scriptus*
—Feilenfische Monacanthidae

EN—Scrawled filefish I **FR**—Bourse écriture

GRÖSSE 100 cm
BIOLOGIE Einzelgänger, nicht häufig. Jungtiere leben im offenen Ozean (pelagisch), im Schutz von Quallen oder Seetang; 2–80 m.
VERBREITUNG zirkumtropisch

2 | Rotmeer-Palettenstachler *Oxymonacanthus halli*
—Feilenfische Monacanthidae

EN—Harlequin filefish I **FR**—Bourse arlequin

GRÖSSE 7 cm
BIOLOGIE Frisst nur Polypen von Acropora-Geweihkorallen; eine äußerst ähnliche Schwesterart ist von Ostafrika bis Samoa verbreitet; 0,3–30 m.
VERBREITUNG Rotes Meer

3 | Schwarzsattel-Feilenfisch *Paraluteres prionurus*
—Feilenfische Monacanthidae

EN—Blacksaddle filefish I **FR**—Fausse bourse

GRÖSSE 11 cm
BIOLOGIE Einzeln oder in kleinen Gruppen; ahmt den giftigen Sattel-Spitzkopfkugelfisch nach (S. 149).
VERBREITUNG Golf von Aden, Malediven bis Marshallinseln

Kofferfische

KOFFERFISCHE — OSTRACIIDAE
Manövrierkünstler: Kofferfische sind langsame Schwimmer, dafür aber Spezialisten im Manövrieren. Mit punktgenauen Flossenbewegungen können sie auf der Stelle wenden, sich rundum drehen wie ein Hubschrauber und auch rückwärts schwimmen. Das Präzisionsschwimmen wird fast ohne Körperbewegungen durch ein komplexes Zusammenspiel der Flossen ermöglicht.

KÖRPERSTARRE Das ginge auch gar nicht anders, denn über drei Viertel ihrer Körperlänge stecken sie in einem starren, unbeweglichen Knochenpanzer. Ihr harter, eckiger Außenpanzer wird gebildet von meist sechseckigen Knochenplatten. Bei manchen Arten sind diese wabenförmigen Platten gut zu erkennen. Neben dem Körperpanzer verfügen Kofferfische über einen weiteren Fraßschutz. Über Hautdrüsen können sie schleimartige Sekrete mit hochwirksamen Toxinen absondern. Diese Schutz- und Warnstoffe haben auf viele potenzielle Räuber eine abschreckende Wirkung.
Bei vielen Arten sind Männchen und Weibchen unterschiedlich gefärbt, bei einigen auch noch die Jugendform (s. Fotos rechts).

1 | Gelbbrauner Kofferfisch *Ostracion cubicus*
— Kofferfische Ostraciidae

EN—Yellow boxfish | **FR**—Coffre jaune

GRÖSSE 45 cm
BIOLOGIE In Lagunen und nicht zu stark exponierten Bereichen von Außenriffen, meist in korallenreichen Arealen. Lebt einzelgängerisch. Relativ häufig, Einzelgänger, nur mäßig scheu. Große Männchen blaugrau mit Nasenwulst (1), Weibchen (2). Die auffällig zitronengelb mit schwarzen Punkten gefärbten Jungfische (3) an geschützten Stellen, z.B. unter kleinen Überhängen, zwischen Felsen oder ästigen Korallen. Adulte schwimmen auch über offene Bereiche. Ernährt sich von verschiedenen wirbellosen Kleintieren des Bodens, daneben auch von Aufwuchsalgen; 1–40 m
VERBREITUNG Rotes Meer und Ostafrika bis SW-Japan, Neuseeland und Frz.-Polynesien

Kofferfische

1 | Solor-Kofferfisch *Ostracion solorensis*
—Kofferfische Ostraciidae

EN—Solor boxfish   I   **FR**—Poisson-coffre à peau dure

GRÖSSE 11 cm
BIOLOGIE Scheu und versteckt lebend. Bevorzugt korallenreiche Außenriffe. Schwimmt einzeln oder paarweise, meist in der Nähe von Unterschlüpfen, recht scheu. Männchen mit dunkelblauer, Weibchen (Foto) mit brauner bis grünlicher Grundfärbung; 1-20 m.
VERBREITUNG Indonesien bis Philippinen, Papua Neuguinea und Great Barrier Reef

2 | Weißpunkt-Kofferfisch *Ostracion meleagris*
—Kofferfische Ostraciidae

EN—Spotted boxfish   I   **FR**—Poisson coffre pintade

GRÖSSE 16 cm
BIOLOGIE Einzelgänger, bevorzugt klare Lagunen und Außenriffe. Meist in geschützten Bereichen. Frisst verschiedene wirbellose Kleintiere, Seescheiden und Schwämme. Männchen (**2a**) entwickeln sich durch einen Geschlechtswechsel aus Weibchen (**2b**)
VERBREITUNG Ostafrika bis Südjapan, Hawaii, Galapagos, Mexiko, Australien und Frz.-Polynesien

Kofferfische

1 | **Großnasen-Kofferfisch** *Ostracion rhinorhynchos*
—Kofferfische Ostraciidae

EN—Reticulate boxfish | **FR**—Poisson à nageoires rayonnées

GRÖSSE 35 cm
BIOLOGIE Bewohnt korallennahe Geröll- und Sandflächen in tiefen Lagunen und geschützten Bereichen von Außenriffen. In den meisten Gebieten eher selten. Ernährt sich von kleinen wirbellosen Bodentieren; 3-40 m.
VERBREITUNG Ostafrika bis Südjapan, Palau und Australien

2 | **Langhorn-Kofferfisch** *Lactoria cornuta*
—Kofferfische Ostraciidae

EN—Longhorn cowfish | **FR**—Poisson vache à longues cornes

GRÖSSE 46 cm
BIOLOGIE Zwei Paar »Kuhhörner«, am Kopf und Hinterkörper. Relativ seltener Einzelgänger; auf Sand, Geröll und Seegraswiesen. Frisst wirbellose Bodentiere, die er mit einem Wasserstrahl freiblasen kann; 1-100 m.
VERBREITUNG Rotes Meer bis Polynesien

3 | **Rückendorn-Kofferfisch** *Lactoria fornasini*
—Kofferfische Ostraciidae

EN—Thornback cowfish | **FR**—Poisson-vache à épine dorsale

GRÖSSE 15 cm
BIOLOGIE Bevorzugt klare Lagunen und Außenriffe; schwimmt dicht über dem Grund. Auf Seegraswiesen, Zonen mit Algenbewuchs, Sand- und Geröllflächen; Männchen sehr territorial; 3–30 m
VERBREITUNG Ostafrika bis Südjapan, Hawaii und Frz.-Polynesien

Kugelfische

KUGELFISCHE — TETRAODONTIDAE
Sie sind behäbige Schwimmer, können jedoch geschickt manövrieren, auf der Stelle drehen oder rückwärts schwimmen. Kugelfische fressen zahlreiche Tiere und Pflanzen. Ihr kräftiges, schnabelartiges Gebiss kann auch sehr hartschalige Beute knacken. Indem sie Wasser schlucken, können sie sich schnell ballonartig aufblasen. Das schreckt Angreifer ab, und so passen sie oft auch gar nicht mehr in dessen Maul. Zudem haben sie einen bitteren Geschmack.
TÖDLICHE KUGEL Vor allem aber sind Kugelfische hochgiftig. Ihr Körpergewebe enthält Tetrodotoxin, eines der stärksten Naturgifte. Es verursacht Muskellähmungen, auch an der Atemmuskulatur, was zum Tod durch Ersticken führen kann. Selbst Haie spucken einen Kugelfisch, den sie schon im Maul haben, unversehrt wieder aus, wenn sie schmecken, dass ihre Beute giftig ist. In speziellen japanischen Restaurants bereiten lizensierte Fuguköche Kugelfisch so zu, dass es nur zu einer leichten, gewollten Vergiftung führt. Außerhalb solcher Restaurants dagegen kommt es durch unkundige Zubereitung immer wieder zu Todesfällen.

1 | Mappa-Kugelfisch *Arothron mappa*
— Kugelfische Tetraodontidae

EN—Map puffer I **FR**—Poisson-ballon griffonné

GRÖSSE 60 cm
BIOLOGIE Der Mappa-Kugelfisch hat ein unverwechselbares schwarzweißes »Labyrinthmuster«, das um die Augen herum strahlenförmig angeordnet ist. Er lebt einzelgängerisch und ist wenig scheu. Man sieht ihn in Lagunen ebenso wie an Außenriffen. Als Nahrung dienen ihm Schwämme, Seescheiden, Schnecken und Algen; 4–40 m.
VERBREITUNG Ostafrika, Malediven bis Samoa

2 | Riesen-Kugelfisch *Arothron stellatus*
— Kugelfische Tetraodontidae

EN—Star puffer I **FR**—Poisson-ballon étoilé

GRÖSSE 100 cm
BIOLOGIE Dies ist die größte Art der Familie. Der Riesen-Kugelfisch ist relativ häufig anzutreffen. Er ist ein Einzelgänger und frisst Seeigel, Seesterne, Krebse, Korallen, Algen und mehr. Er liegt gern ruhend auf Sandgrund, nicht selten sieht man ihn jedoch auch etliche Meter vom Riff entfernt gemächlich durchs Freiwasser schwimmen; 2–52 m.
VERBREITUNG Rotes Meer bis Frz.-Polynesien

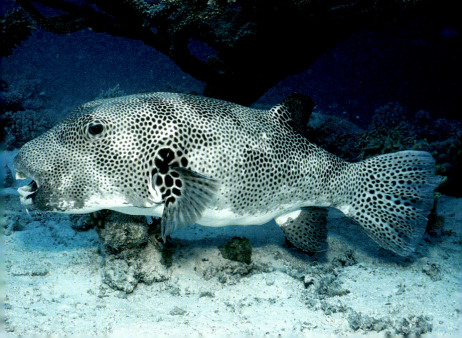

Kugelfische

1 | Masken-Kugelfisch *Arothron diadematus*
— Kugelfische Tetraodontidae

EN—Masked puffer   I   **FR**—Poisson-globe masqué

GRÖSSE 30 cm
BIOLOGIE Dieser Einzelgänger ist endemisch im Roten Meer und dort häufig. Er ruht oftmals am Boden und ist auch bei Nacht-tauchgängen zu sehen. Zur Laichzeit ist er in teils größeren Gruppen unterwegs; 3-25 m.
VERBREITUNG Rotes Meer

2 | Schwarzflecken-Kugelfisch *Arothron nigropunctatus*
— Kugelfische Tetraodontidae

EN—Blackspotted puffer   I   **FR**—Poisson-ballon à taches noires

GRÖSSE 30 cm
BIOLOGIE Creme, grau, blaugrau, grünlichgrau, bräunlich, auch teilweise gelb; stets mit schwarzen Flecken. Frisst Korallen, Seescheiden und Schwämme; 1–35 m.
VERBREITUNG Ostafrika, Malediven bis Line- und Cook-Inseln

3 | Weißflecken-Kugelfisch *Arothron hispidus*
— Kugelfische Tetraodontidae

EN—White-spotted puffer   I   **FR**—Poisson-ballon à taches blanches

GRÖSSE 50 cm
BIOLOGIE Bewohnt Lagunen, Buchten und Außenriffe mit gemischten Korallen-, Sand- und Geröllgrund, auch auf Seegraswiesen Häufige Art, oft auf dem Grund ruhend anzutreffen. Frisst Schwämme, Seescheiden, Krabben, Korallen, Seesterne, Muscheln und Algen; 1-50 m.
VERBREITUNG Rotes Meer und Ostafrika bis Südjapan, Hawaii, Panama und Frz.-Polynesien

Kugelfische

1 | Streifen-Kugelfisch *Arothron manilnensis*
— Kugelfische Tetraodontidae

EN—Narrow-lined puffer   I   **FR**—Poisson-ballon pyjama

GRÖSSE 31 cm
BIOLOGIE In Lagunen, Buchten und geschützten Außenriffen. Bewohnt Seegraswiesen und sandige Areale in Riffnähe; 1-20 m.
VERBREITUNG Borneo und Bali bis Philippinen, SW-Japan, Mikronesien, Samoa und Ostaustralien

2 | Sattel-Spitzkopfkugelfisch *Canthigaster valentini*
— Kugelfische Tetraodontidae

EN—Valentin's sharpnose puffer   I   **FR**—Canthigaster à selles

GRÖSSE 10 cm
BIOLOGIE Männliche Tiere haben ein Revier mit bis zu 7 Weibchen, von denen jedes Eier in Algenbüschel ablegt. Die Eier sind giftig, die Larven schlüpfen nach 3–5 Tagen; 1–55 m.
VERBREITUNG Golf von Aden, Malediven bis Frz.-Polynesien

3 | Flecken-Spitzkopfkugelfisch *Canthigaster papua*
— Kugelfische Tetraodontidae

EN—Papuan toby   I   **FR**—Canthigaster papua

GRÖSSE 10 cm
BIOLOGIE In korallenreichen Lagunen und Außenriffen. Frisst fädige und krustige Algen, Korallen und Wirbellose; 1-36 m.
VERBREITUNG Indonesien, PNG bis Palau. Zum Verwechseln ähnliche Art *C. solandri* von Ostafrika, Malediven bis Polynesien.

Igelfische

IGELFISCHE — DIODONTIDAE
HAI GEGEN IGELFISCH ein Kampf mit scheinbar vorhersehbarem Ausgang. Doch manchem Räuber ist der Bissen schon im Hals stecken geblieben. Bei Gefahr schlucken Igelfische Wasser und »blasen« sich ballonartig auf – schnell sind sie bis viermal so voluminös wie im Ruhezustand. So können sie einem Räuber im Rachen stecken bleiben. Selbst große Haie oder Zackenbarsche können an einem Igelfisch ersticken.
MORGENSTERNE Igelfische sind durch die Stacheln leicht von den sehr ähnlichen Kugelfischen zu unterscheiden. Manche Igelfische besitzen fest stehende, andere aufrichtbare Stacheln. Aufgeblasen und mit abstehenden Stacheln sind diese »Morgensterne« für die meisten Räuber eine uneinnehmbare Festung.

Wie Kugelfische, ihre nächsten Verwandten, haben Igelfische ein schnabelartiges Gebiss. Es ist äußerst beißkräftig und knackt hartschalige Nahrung wie Muscheln, Gehäuseschnecken, Seeigel oder Einsiedlerkrebse. Igelfische haben auffallend große Augen und sind eher nachtaktiv. Tagsüber ruhen die meisten versteckt in Höhlungen, Spalten oder unter Überhängen.

1 | Masken-Igelfisch *Diodon liturosus*
— Igelfische Diodontidae

EN—Balloonfish   I   **FR**—Porc-épic à épines courtes

GRÖSSE 50 cm
BIOLOGIE Ruht tagsüber in Spalten oder unter Überhängen, ernährt sich nachts von hartschaligen Wirbellosen; 5–90 m.
VERBREITUNG Rotes Meer bis Frz.-Polynesien

2 | Gepunkteter Igelfisch *Diodon hystrix*
— Igelfische Diodontidae

EN—Spot-fin porcupine fish   I   **FR**—Poisson porc-épic

GRÖSSE 80 cm
BIOLOGIE Ruht tagsüber meist unter Überhängen oder in Höhlen, seltener riffnah im Freien schwimmend; 2–50 m.
VERBREITUNG zirkumtropisch

3 | Kurzstachel-Igelfisch *Cyclichthys orbicularis*
— Igelfische Diodontidae

EN—Orbicular burrfish   I   **FR**—Porc-épine bécard

GRÖSSE 15 cm
BIOLOGIE In geschützten Riffen, tagsüber in Verstecken. Sucht nachts nach Krabben, Weichtieren und Würmern; 2–20 m.
VERBREITUNG Rotes Meer bis Südjapan und Nordaustralien

—Reptilien & Meeressäuger

Meeresschildkröten | Seeschlangen

MEERESSCHILDKRÖTEN—CHELONIIDAE
Meeresschildkröten können große Strecken in den Ozeanen zurücklegen. Wanderungen über 11.000 Kilometer wurden nachgewiesen. Wie Zugvögel nutzen sie dabei zur Orientierung das Erdmagnetfeld. Die Paarung erfolgt im Meer, die Weibchen kriechen zur Eiablage an Land, wobei sie im Allgemeinen an ihren eigenen Geburtsort zurückfinden.

1 | Grüne Schildkröte *Chelonia mydas*
—Meeresschildkröte Cheloniidae

EN—Green sea turtle | FR—Tortue verte

GRÖSSE 153 cm
BIOLOGIE Kommt etwa alle 2-3 Jahre zur Eiablage an Land. Die Brutzeit beträgt meist 45 bis 60 Tage. Die Nesttemperatur bestimmt das Geschlecht: Bei über 30 Grad entwickeln sich aus den Eiern nur Weibchen, unter 30° überwiegend Männchen. Meeresschildkröten (7 Arten) fressen u.a. Seegras, Quallen, Schwämme und Weichkorallen. Zum Luftholen müssen sie an die Wasseroberfläche.
VERBREITUNG Alle tropischen und subtropischen Meere

SEESCHLANGEN—ELAPIDAE
Als ehemalige Landtiere besitzen Seeschlangen Lungen, müssen also zum Luftholen an die Wasseroberfläche. Dennoch sind sie meist ausgezeichnete Taucher, einige tauchen bis gut 100 Meter tief, die meisten jedoch deutlich flacher. Oft sieht man sie geschäftig in Ritzen und Spalten des Riffs nach kleinen Beutetieren, hauptsächlich Fischen, suchen.

2 | Gelblippen-Seekobra *Laticauda colubrina*
—Seeschlangen Elapidae

EN—Black & white sea krait | FR—Tricot rayé à lèvres jaunes

GRÖSSE 150 cm (größer in Fidschi)
BIOLOGIE Häufigste von Tauchern gesichtete Art in ihrem Verbreitungsgebiet. Gehört zur kleinen Gruppe der Plattschwanz-Seeschlangen, die, im Gegensatz zu den meisten anderen Seeschlangen zum Ruhen sowie zur Paarung und Eiablage an Land gehen. Frisst ausschließlich Muränen. Hat ein sehr starkes Gift, ist generell jedoch äußerst friedfertig gegenüber Menschen.
VERBREITUNG Sri Lanka und Ostindien bis Tonga

Dugong | Delfine

DUGONG — DUGONG DUGON
WEIDEGÄNGER Der Name sagt es. Seekühe weiden Seegraswiesen ab. Der Dugong, einziger heute noch lebender Vertreter der Gabelschwanz-Seekühe, besetzt mit dieser Ernährungsweise eine Nische. Er ist weltweit das einzige pflanzenfressende Säugetier, das ausschließlich im Meer lebt. Dagegen sind die nah verwandten Manatis aus dem Südosten der USA, dem Amazonas und von Westafrika allesamt Süßwasserbewohner.

1 | Dugong *Dugong dugon*
— Dugon Dugongidae

EN—Dugong | **FR**—Dugong

GRÖSSE meist bis 350 cm
BIOLOGIE Bewohnt flache, weite Buchten mit Seegraswiesen. Erreicht mindestens 400, höchstens 900 kg Gewicht und kann etwa 70 Jahre alt werden. Nach 13 – 15 Monaten Tragzeit wird im Flachwasser ein einzelnes Kalb geboren. Mutter und Kalb pflegen einen stabilen, sehr innigen Kontakt. Gesäugt wird das Junge bis zu 18 Monaten.
VERBREITUNG Rotes Meer bis Vanuatu, jedoch heute nur noch stellenweise vorkommend.

DELFINE — DELPHINIDAE
Delfine sind hoch entwickelte, intelligente, soziale Meeressäuger. Ihr stromlinienförmiger Körper macht sie zu schnellen, geschickten Schwimmern und guten Tauchern. Mittels Ultraschall-Ortung können sie sich orientieren und Beute finden. Zur Verständigung untereinander nutzen sie eine komplexe Sonarsprache aus Klicks und Pfeiftönen.

2 | Kleiner Tümmler *Tursiops aduncus*
— Delfine Delphinidae

EN—Indo-Pacific bottlenose dolphin |
FR—Grand dauphin de l'océan Indien

GRÖSSE 260 cm
BIOLOGIE Ob Großer und Kleiner Tümmler zwei verschiedene Arten oder doch nur Unterarten sind, gilt unter Biologen noch nicht als sicher. Der Kleine Tümmler jedenfalls bewohnt vorwiegend Küstengewässer. In Revieren bis zu 300 km2 ist er relativ ortstreu. An vielen Riffen, etwa im Roten Meer und den Malediven, ist er regelmäßig zu beobachten.
VERBREITUNG Rotes Meer bis Australien und Japan

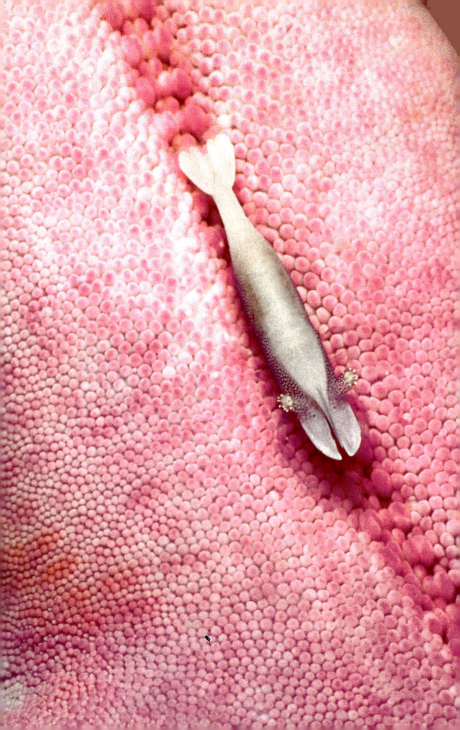

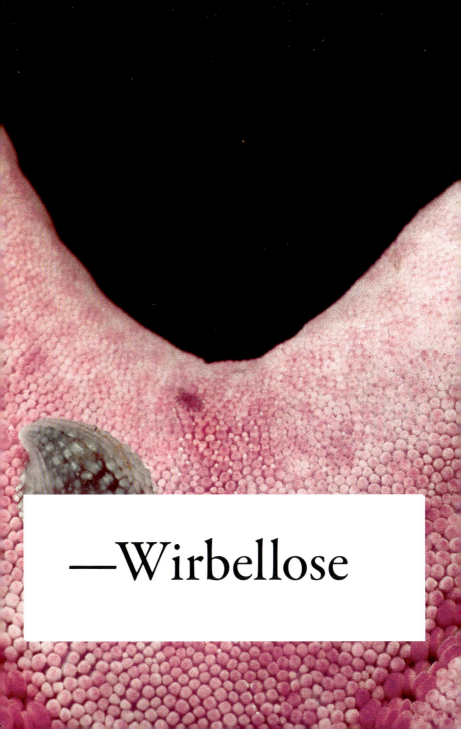

—Wirbellose

Schwämme

SCHWÄMME—PORIFERA

PUMPWERK Etwa 8000 Schwammarten sind gegenwärtig bekannt. Meeresbiologen entdecken ständig neue und schätzen ihre Anzahl auf etwa 25 000. Schwämme ernähren sich von kleinsten Partikeln, wozu sie das umgebende Wasser durch winzige Poren auf der Schwammoberfläche ansaugen, durch ihr Kanalsystem pumpen, dabei Nahrungsteilchen zurückhalten und das gefilterte Wasser über große Ausströmöffnungen wieder nach draußen pumpen. Ein fußballgroßer Schwamm schafft einen täglichen Wasserdurchlauf von bis ca. 3000 Liter und kann dabei bis zu 99 % der darin schwebenden Bakterien, einzelligen Algen und organischen Partikeln herausfiltrieren.

APOTHEKE AM MEERESGRUND Schwämme besitzen eine enorme Vielzahl chemischer Abwehrstoffe, die sie vor Fressfeinden schützen und verhindern, überwachsen zu werden. Dieses chemische Arsenal ist eine Fundgrube für Pharmaforscher, da manche dieser Stoffe als Arzneimittel eingesetzt werden können. Es wurde bereits eine Reihe von Medikamenten aus Schwämmen entwickelt, zum Beispiel gegen Virusinfektionen und Krebserkrankungen.

1 | Pracht-Geweihschwamm *Negombata corticata*
—Podospongiidae

EN—Red Sea sponge I **FR**—

GRÖSSE 70 cm
BIOLOGIE Fingerförmig bis geweihartig verzweigt. Diese Art scheidet schon bei leichter Verletzung oder Druck eine rötliche Flüssigkeit aus, die stark fischgiftig ist und eine sofortige Fluchtreaktion der Fische auslöst. Wird vor allem von der Pyjamaschnecke (S. 192) gefressen, welche die Toxine (Latrunculin) des Schwammes zu ihrer eigenen Verteidigung nutzt.
VERBREITUNG Rotes Meer, Indischer Ozean

2 | Tonnenschwamm *Xestospongia testudinaria*
—Petrosiidae

EN—Barrel sponge I **FR**—Éponge baril

GRÖSSE 150 cm, Ø bis 50 cm
BIOLOGIE Form variabel, fass- bis vasenförmig. Außenseite mit hohen, unregelmäßigen Längsrippen, die eine Oberflächenvergrößerung für die zahlreichen winzigen Einströmöffnungen bewirken. Größter und massigster tropischer Schwamm. Wird häufig von anderen Tieren besiedelt, etwa von Haarsternen, kleinen Seegurken (*Synaptula sp.*) oder dem pinkfarbenen Springkrebs (*Lauriea siagiani*).
VERBREITUNG Indonesien, Neuguinea bis Philippinen

Feuerkorallen | Seefarne

FEUERKORALLEN — MILLEPORIDAE
Feuerkorallen werden aufgrund ihres massiven Kalkskeletts häufig für Steinkorallen gehalten, gehören jedoch wie die Seefarne zu den Hydrozoen. Wie riffbildende Steinkorallen leben sie in Symbiose mit einzelligen Algen und tragen mit ihrem harten Kalkgerüst zum Riffaufbau bei. Es gibt netz-, platten- und krustenförmige Arten.

1 | Netz-Feuerkoralle *Millepora dichotoma*
— Feuerkorallen Milleporidae

EN — Net fire coral | **FR** — Corail de feu ramifié

GRÖSSE 60 cm
BIOLOGIE Oberfläche übersät mit winzigen Löchern, in denen jeweils ein Polyp sitzt (millepora bedeutet »tausendporig«). Besiedelt wegen ihrer lichtabhängigen Algen (Zooxanthellen) die oberen Riffbereiche. Kommt an Riffkanten und gut belichteten Riffhängen gebietsweise in großer Zahl vor. Vorsicht: Verursacht bei Kontakt Brennen, Hautrötung und Quaddelbildung.
VERBREITUNG Rotes Meer bis Samoa

SEEFARNE — PLUMULARIIDAE
Seefarne sind mit verschiedenen, auch stärker nesselnden Arten in allen Meeren verbreitet. Typische Wuchsformen sind feder-, busch- oder bäumchenartig. Manche sind sehr filigran und weniger verzweigt, andere deutlich derber und stark verzweigt. Die Größe der Kolonien reicht von wenigen Zentimetern bis zu einen Meter hohen Arten.

2 | Philippinen-Farn *Macrorhynchia philippina*
— Seefarne Plumulariidae

EN — Stinging hydroid | **FR** —

GRÖSSE 30 cm
BIOLOGIE Siedelt auf Hartgrund, meist an gut beströmten Standorten. Ist wohl über den Sueskanal ins Mittelmeer eingewandert. Die Kolonien erscheinen filigran, sind jedoch sehr widerstandsfähig und mit wurzelartigen Ausläufern auf dem jeweiligen Substrat verankert. Ernährt sich von Mikroplankton. Kann bei Berührung nesseln und dabei allergische Reaktionen auslösen.
VERBREITUNG Weltweit in tropischen Meeren

Quallen

QUALLEN — SCPHOZOA
Quallen leben in allen Meeren, von den Tropen bis zur Arktis, von der Oberfläche bis in größte Tiefen. Die etwa 200 bis 250 Arten haben Schirmdurchmesser von wenigen Zentimetern bis über zwei Meter.
SIEDLER UND NOMADEN Die meisten Arten zeigen bei ihrer Fortpflanzung einen Generationswechsel. Das auf dem Meeresgrund fest sitzende, winzige Polypenstadium geht in ein frei schwimmendes, die Ozeane durchstreifendes Medusenstadium, die uns vertraute Quallenform, über. Die nächste Generation ist dann wieder ein Polypenstadium, und der Zyklus beginnt von vorn.
VIELFRASS Viele Arten werden kaum ein Jahr alt, manche nur wenige Monate. In dieser Zeit fressen sie sehr viel. Die Ohrenqualle vertilgt bis zu 20 000 Planktontierchen pro Tag, größere Arten entsprechend mehr. Auch stattliche Arten erreichen so in wenigen Monaten ihre volle Größe.
SCHLANKHEITSKUR Viele überstehen lange Hungerperioden, indem sie enorm abnehmen. Tiere mit 40 cm Schirmdurchmesser können auf Eurostückgröße schrumpfen. Bei ausreichend Futter erreichen sie rapide wieder die alte Größe.

1 | Blaue Wurzelmundqualle *Cephea cephea*
— Wurzelmundquallen Cepheidae

EN — Crown jellyfish | **FR** — Céphée

GRÖSSE 15 cm
BIOLOGIE Pelagische Art, durch Strömungen auch in Küstennähe. Nesselt sehr schwach, oft unbemerkbar.
VERBREITUNG Rotes Meer bis Polynesien

2 | Ohrenqualle *Aurelia sp.*
— Ohrenquallen Ulmaridae

EN — Common or moon jellyfish | **FR** — Aurélia

GRÖSSE max. 50 cm
BIOLOGIE Lokal häufig, bildet teils riesige Schwärme. Meist sehr schwache Nesselkraft.
VERBREITUNG Weltweit mehrere Arten; A. maldivensis (25 cm): Rotes Meer, Indischer Ozean

3 | Mangrovenqualle *Cassiopea andromeda*
— Mangrovenquallen Cassiopeidae

EN — Upside-down jellyfish | **FR** — Cassiopea andromeda

GRÖSSE 12 cm
BIOLOGIE In flachen Bereichen, bis 15 m. Liegt auf dem »Rücken«, um ihre Zooxanthellen optimal mit Sonnenlicht zu versorgen.
VERBREITUNG Rotes Meer bis Westpazifik

Weichkorallen

WEICHKORALLEN—ALCYONARIA
NADELKISSEN Eingebettet in ihrem fleischigen Gewebe besitzen Weichkorallen als Fraßschutz zahlreiche Kalknadeln. Meist sind diese winzig, doch teils bis etwa 1 cm groß, wie bei den Arten der Gattung Dendronephthya. Diese Arten ziehen sich oft durch Wasserabgabe zusammen, dann treten die Kalknadeln stark hervor.
CHEMISCHE KEULE Weichkorallen besitzen zudem zahlreiche chemische Abwehrstoffe. Die meisten Arten sind für Fische stark giftig oder zumindest durch abschreckende, fraßhemmende Stoffe geschützt.
ANPASSUNG Nur wenige Räuber sind immun gegenüber diesen Chemiewaffen. Manche Falterfische zupfen gelegentlich Weichkorallen-Polypen ab. Meeresschildkröten dagegen verspeisen gleich ganze Kolonien. Auch einige Eischnecken ernähren sich als Spezialisten von bestimmten Weichkorallen. Viele Arten leben in Symbiose mit Zooxanthellen, die mit ihren Fotosynthese-Produkten teils maßgeblich zur Ernährung der Weichkoralle beitragen. Die farbenprächtigen Arten besitzen keine symbiontischen Algen und ernähren sich von Plankton.

1 | Klunzingers Bäumchenkoralle
Dendronephthya klunzingeri
—Bäumchenkorallen Nephtheidae

EN—Klunzinger's soft coral | **FR**—Dendronephthya

GRÖSSE 100 cm
BIOLOGIE Bildet stellenweise prächtige Bestände. Meist rosa bis violettrot; die Färbung ist kein Artmerkmal, eine sichere Bestimmung nur über Kalknadeln möglich. Tagsüber häufig durch Wasserabgabe geschrumpft; fängt in vielen Gebieten hauptsächlich nachts Plankton.
VERBREITUNG Rotes Meer bis Westpazifik

2 | Hemprichs Bäumchenkoralle
Dendronephthya hemprichi
—Bäumchenkorallen Nephtheidae

EN—Vibrant soft coral | **FR**—Dendronephthya

GRÖSSE 70 cm
BIOLOGIE Baumartig, aber vorwiegend zweidimensional verzweigt. Orange oder pink. Erst vor einigen Jahren wurde entdeckt, dass sich diese Art fast ausschließlich von winzigen Planktonalgen ernährt. Wie effektiv diese pflanzliche Ernährung ist, zeigen vor allem junge Exemplare: Sie erreichen Gewichtszunahmen bis über 8 % pro Tag.
VERBREITUNG Rotes Meer bis Westpazifik

Weichkorallen

1 | Lappige Lederkoralle *Lobophytum sp.*
—Lederkorallen Alcyoniidae

EN—Lobate leather coral | **FR**—Lobophytum

GRÖSSE 70 cm (Breite)
BIOLOGIE Mit Zooxanthellen, die durch Fotosynthese zur Ernährung beitragen. Siedelt daher an gut belichteten Stellen.
VERBREITUNG Rotes Meer bis Westpazifik

2 | Pilz-Lederkoralle *Sarcophyton trocheliophorum*
—Lederkorallen Alcyoniidae

EN—Common toadstool coral | **FR**—Sarcophyton

GRÖSSE 80 cm (Breite)
BIOLOGIE Mit Zooxanthellen, die durch Fotosynthese zur Ernährung beitragen. Siedelt daher an gut belichteten Stellen.
VERBREITUNG Rotes Meer bis Westpazifik

3 | Kurzfinger-Lederkoralle *Sinularia leptoclados*
—Lederkorallen Alcyoniidae

EN—Finger leather coral | **FR**—Sinularia

GRÖSSE 30 cm (Büschel)
BIOLOGIE Hat dicht gepackte Kalksklerite, die an der Koloniebasis zur einer festen Masse zementieren. Kann meterhohe Kalksäulen bilden und trägt so zum Riffaufbau bei.
VERBREITUNG Rotes Meer bis Westpazifik

Hornkorallen

HORNKORALLEN — GORGONACEA

Hornkorallen haben ein zwar festes, doch elastisches Stützskelett. Es besteht aus miteinander verbackenen Kalknadeln, meist zusammen mit einem hornähnlichen Stoff, dem Gorgonin, der die Kalknadeln faserartig verbindet. Umhüllt wird diese biegsame Achse von einer weichen Rinde, in der die Polypen eingebettet sind.

VIELE MÜNDER Die Oberfläche ist übersät mit dicht stehenden Polypen – bei großen Fächerkolonien sind es viele Tausend. Im ausgestreckten Zustand bilden sie ein riesiges feinmaschiges Netz, in dem mit der Strömung herantreibendes Plankton hängen bleibt. Die Polypen agieren wie ein Organismus mit vielen Mündern. Ein einzelner Polyp muss nicht unbedingt etwas fressen, wenn es nur seine Nachbarn tun, die ihm dann von den gewonnenen Nährstoffen abgeben.

Zum effektiven Planktonfang wachsen fächerförmige Gorgonien quer zur Strömung. Alle Arten ohne Zooxanthellen leben vom Planktonfang und sind häufig prächtig gefärbt. Daneben gibt es solche mit Zooxanthellen. Sie wachsen in geringen Tiefen, an gut belichteten Stellen und haben gedeckte Farben.

1 | Knotenfächer *Melithaea ochracea* — Knotenkorallen Melithaeidae

EN—Knotted fan I **FR**—Melithaea

GRÖSSE 100 cm
BIOLOGIE Besiedelt steile Riffhänge, fängt Mikroplankton. Färbung variabel, meist rosa, orangerot oder purpur.
VERBREITUNG Indischer Ozean, Westpazifik

2 | Riesen-Fächerkoralle *Annella mollis* — Fächerkorallen Subergorgiidae

EN—Giant sea fan I **FR**—Gorgone géante

GRÖSSE 200 cm
BIOLOGIE Im Roten Meer blass cremefarben, anderswo auch gelblich oder orangerot. Bevorzugt exponierte, steile Riffhänge.
VERBREITUNG Rotes Meer bis Westpazifik

3 | Binsengorgonie *Ellisella juncea* — Binsenkorallen Ellisellidae

EN—Red cluster whip I **FR**—

GRÖSSE 60 cm
BIOLOGIE Siedelt gern an exponierten Stellen mit starker Strömung. Wie alle farbkräftigen Gorgonien ohne Zooxanthellen.
VERBREITUNG Rotes Meer bis Westpazifik

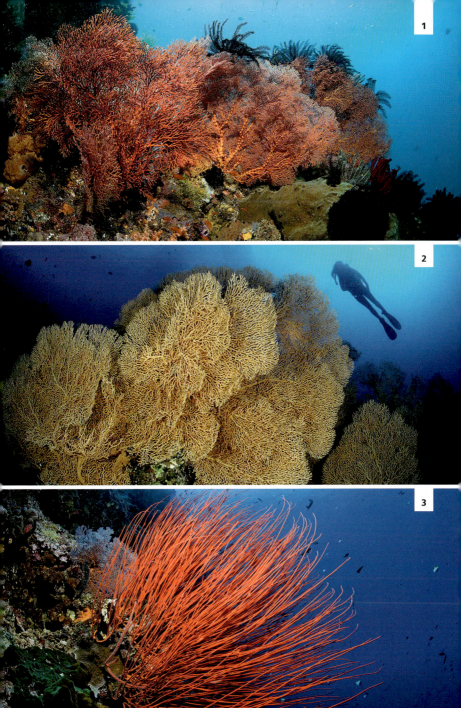

Seefedern | Krustenanemonen

SEEFEDERN—PENNATULACEA
Seefedern siedeln auf Sand- und Schlammböden. Sie besitzen einen fleischigen Stamm und einen kräftigen Grabfuß, mit dem sie sich tief im Weichboden verankern. Generell sind sie standorttreu, können sich jedoch bei Bedarf durch abwechselndes Strecken und Dehnen des Grabfußes fortbewegen, um sich einen besseren Standort zu suchen.

1 | Dunkle Seefeder *Pteroides sp.*
—Seeferdern Pennatulacea

EN—Common sea feather | **FR**—Plume de mer

GRÖSSE bis 60 cm
BIOLOGIE Seefedern sind nachtaktiv und fangen Zooplankton. Tagsüber sind sie meist vollständig im Sediment verborgen. Indem sie Wasser aus ihrem Körper herausdrücken oder aufnehmen, kann die Kolonie stark schrumpfen beziehungsweise »aufblühen«. Zwischen den Polypen leben oftmals kleine kommensale Krebstiere, die dort Schutz und Nahrung finden.
VERBREITUNG Rotes Meer bis Westpazifik

KRUSTENANEMONEN—ZOANTHIDEA
Krustenanemonen sind meist koloniebildend. Die Polypen messen meist kaum ein bis zwei Zentimeter im Durchmesser, doch sie können Kolonien von mehr als tausend Individuen bilden und polsterförmig größere Siedlungsflächen bedecken. Einige Arten (Palythoa) sind dafür bekannt, das extrem giftige Palytoxin zu enthalten.

2 | Schirmchen-Krustenanemone *Palythoa sp.*
—Schirmchen-Krustenanemonen Sphenopidae

EN—Button polyp | **FR**—

GRÖSSE 1 cm (Ø Polypen)
BIOLOGIE Krustenanemonen sind eine sehr schwierig zu bestimmende Gruppe, sodass bei vielen meist nur die Gattungsnamen angegeben werden. Viele besitzen eine derbe Konsistenz, da sie siliziumhaltige Partikel oder Sandkörner in ihr Gewebe einbauen. Viele besitzen symbiontische Algen und sind entsprechend oft bräunlich bis grünlich gefärbt.
VERBREITUNG Indischer und Pazifischer Ozean

Zylinderrosen | Scheibenanemonen

ZYLINDERROSEN — CERIANTHARIA
Die Gruppe umfasst etwa 50 Arten und bewohnt Sandböden aller Meere, vom Flachwasser bis zur Tiefsee. Zylinderrosen haben einen wurmartigen Fuß mit spitzer Basis, um sich in Sand einzugraben. Aus Schleim und Sand bilden sie eine pergamentartige Röhre, in die sie sich bei Gefahr zurückziehen. Mit ihren Tentakeln fangen sie Zooplankton.

1 | Große Zylinderrose *Cerianthus cf. filiformis*
— Zylinderrosen Cerianthidae

EN—Giant tube anemone I **FR**—Cerianthus filiformis

GRÖSSE 30 cm
BIOLOGIE Wie alle Arten mit kurzen Mundtentakel, die die Beute in den Rachen schieben, umgeben von langen klebrigen Fangtentakel. Wie bei anderen ist die Färbung besonders der Fangtentakel variabel, hier reicht sie von Weiß bis Braun, Blau oder Purpur mit jeweils blassen Mundtentakeln. Fängt vorwiegend nachts Plankton, wohl auch kleine Fische.
VERBREITUNG In weiten Teilen des Indopazifiks

SCHEIBENANEMONEN — CORALLIMORPHARIA
Scheibenanemonen sind nah mit den Steinkorallen verwandt und ähneln Anemonen mit kurzen Tentakeln, haben aber kein Skelett. Manche Arten leben allein, andere können großflächige Teppiche mit mehreren Metern Durchmesser bilden. Weltweit gibt es etwa 50 Arten, nicht wenige haben starke Nesselkapseln und können schmerzhaft nesseln.

2 | Große Scheibenanemone *Amplexidiscus fenestrafer*
— Korallenanemonen Corallimorphidae

EN—Balloon corallimorph I **FR**—Anémone oreille d'éléphant

GRÖSSE 45 cm
BIOLOGIE Bewohnt geschützte Riffe, teils in Gruppen. Meist von 10 bis 30 m auf Geröll oder toten Korallen. Ernährt sich vorwiegend über die Fotosynthese ihre symbiontischen Zooxanthellen. Fängt daneben Zooplankton, evtl. auch kleine Fische, indem sie ihre große, pfannkuchenartige Scheibe langsam zu einem Ball schließt. Kann bei Kontakt schmerzhaft, brennend nesseln.
VERBREITUNG Indopazifik

Seeanemonen

SEEANEMONEN — ACTINARIA

Seeanemonen sehen aus wie Pflanzen, sind aber Nesseltiere und ernähren sich räuberisch. Sie leben einzeln, können aber in dichten Gruppen zusammenstehen. Meist haben sie lange, auffällige Tentakel. Die sind mit Nesselkapseln bewehrt, doch nur wenige der rund tausend Arten vermögen einen Menschen spürbar, sehr wenige heftig zu nesseln.

Seeanemonen leben festgeheftet auf Fels- oder Sedimentgrund und verbringen meist ihr ganzes Leben an der gleichen Stelle. Doch wenn nötig, können sie sich langsam fortbewegen. Werden sie belästigt, kugeln sich viele Arten ein oder ziehen sich rasch in Felsspalten bzw. in ihre Sedimentröhre zurück. Mit ihren Tentakeln fangen sie Kleinstlebewesen aus dem Wasser, können aber auch Krebse und Fische fressen.

Gemeinschaft: Viele Arten beherbergen in ihrem Gewebe Zooxanthellen, die sie mit fast allen benötigten Nährstoffen versorgen. Manche sind Wohnort für verschiedene Krebstiere und Fische. Besonders Anemonenfische verteidigen ihre Gastgeber mitunter entschlossen gegenüber größeren Fressfeinden.

1 | Pracht-Anemone *Heteractis magnifica*
— Wirtsanemonen Stichodactylidae

EN—Magnificent anemone I **FR**—

GRÖSSE Ø 100 cm
BIOLOGIE Oft Wirt für Anemonenfische, auch für Riffbarsche, Garnelen und Porzellankrebse. Zieht sich bei Störung kugelförmig zusammen; Stamm meist kräftig gefärbt, z. B. blau, violett, rot, nussbraun oder weiß. Besitzt Zooxanthellen, die mit ihren Fotosyntheseprodukten zur Ernährung beitragen; fängt auch Zooplankton. Typischerweise an exponierten Stellen; 1–30 m.
VERBREITUNG Rotes Meer bis Frz.-Polynesien

2 | Noppenrand-Anemone *Cryptodendron adhaesivum*
— Partneranemonen Thallasianthidae

EN—Adhesive anemone I **FR**—Anémone adhésive

GRÖSSE Ø 35 cm
BIOLOGIE Farbe variabel: Grün, Braun, Oliv; gelegentlich sehr farbenfroh. Die Tentakel sind klein und ausgesprochen klebrig. Bei Störung zieht sich diese Art rasch in Felsspalten zurück. Selten von Anemonenfischen (wenn, dann *A. clarkii*) bewohnt, aber oft mit Partnergarnele (*Periclimenes bevicarpalis*).
VERBREITUNG Rotes Meer bis Westpazifik

Steinkorallen

STEINKORALLEN—SCLERACTINIA

BAUMEISTER Für den Riffaufbau sind die Steinkorallen von zentraler Bedeutung. Treffend werden sie daher oft als Baumeister der Riffe bezeichnet. Die Polypen der sogenannten hermatypischen (riffbildenden) Korallen beherbergen in einer dicht unter der Körperoberfläche gelegenen Zellschicht einzellige, symbiontische Algen (Zooxanthellen). Die leben in großer Dichte in dem Polypengewebe und tragen mit ihrer Fotosynthesetätigkeit erheblich zur Ernährung und zum Wachstum der Koralle bei. Polypen und Algen stehen im intensiven Nährstoffaustausch. Den größten Teil der bei der Fotosynthese aufgebauten, energiereichen Verbindungen geben die Algen an ihren Wirtspolypen ab. Im Gegenzug erhalten sie vom Polypen stickstoff- und phosphorhaltige Verbindungen sowie Kohlendioxid zur Fotosynthese. In der nährstoffarmen Umgebung tropischer Meere sorgt diese enge Lebensgemeinschaft für ein optimales Recycling wichtiger Nähr- und Spurenstoffe. Darüber hinaus kommt den Algen eine große Bedeutung bei der Kalkbildung der Steinkoralle zu.

1 | Gelbe Salatkoralle *Turbinaria reniformis*
—Kelchkorallen Dendrophylliidae

EN—Yellow scroll coral | **FR**—Turbinaria reniformis

GRÖSSE Ø 300 cm
BIOLOGIE Auffällig schwefelgelbe Kolonien aus gewundenen, salatblattartig angeordneten Platten. Oberseiten wirken genoppt durch kegelförmige Polypenkelche. Siedelt bevorzugt an sonnigen Standorten.
VERBREITUNG Rotes Meer bis Frz.-Polynesien

2 | Tischkoralle *Acropora sp.*
—Geweihkorallen Acroporidae

EN— Acropora | **FR**— Acropore

GRÖSSE Ø bis über 200 cm
BIOLOGIE Konsolenartiger Wuchs; tischförmige Platten waagerecht stehend, aus zahlreichen, fein verzweigten Ästen zusammengesetzt; die Zweige können eine fast lückenlose Platte bilden. Mehrere sehr ähnliche Arten. Besiedelt geschützte Riffhänge, besonders unterhalb der Riffkante und am oberen Riffhang.
VERBREITUNG Rotes Meer bis Polynesien

Steinkorallen

1 | Gabel-Pilzkoralle *Herpolitha limax*
—Pilzkorallen Fungiidae

EN—Maze coral I **FR**—Pachyseris speciosa

GRÖSSE 60 cm
BIOLOGIE In Lagunen und an Außenriffhängen. Länglich mit abgerundeten Enden. Öfter auch gegabelt. Besitzt mehrere Mundöffnungen; 2–50 m
VERBREITUNG Rotes Meer bis Frz.-Polynesien

2 | Blasenkoralle *Plerogyra sinuosa*
—Caryophylliidae

EN—Bubble coral I **FR**—Corail bulles

GRÖSSE 150 cm Ø
BIOLOGIE Beige bis graugrün. Tagsüber bedeckt mit Bläschen, die den darin enthaltenen Zooxanthellen optimale Bedingungen zur Fotosynthese bieten. Nachts kommen die Polypententakel zum Planktonfang hervor.
VERBREITUNG Rotes Meer bis Frz.-Polynesien

3 | Zahnkoralle *Oxypora convoluta*
—Blattkorallen Pectiniidae

EN—Staghorn coral I **FR**—Corail vinaigrier

GRÖSSE 2 m
BIOLOGIE An geschützten Riffhängen. Seltene Art. Gekrümmte Platten mit bezahnten Rändern.
VERBREITUNG Rotes Meer

Dörnchenkorallen

DÖRNCHENKORALLEN — ANTIPATHIDAE
Dörnchenkorallen sind auch bekannt als Schwarze Korallen, womit meist die großen buschförmigen Kolonien gemeint sind. Schwarz ist jedoch nur das Achsenskelett. Bei lebenden Kolonien ist es von außen nicht sichtbar, da es ummantelt ist von einem Gewebe, in dem die Polypen eingebettet sind.
SCHWARZER SCHMUCK Das schwarze Hornskelett großer Arten wird seit dem Altertum zu Schmuck verarbeitet. Gebietsweise werden ganze Stöcke der buschförmigen Arten auch als Souvenirs verkauft. Entsprechend werden sie vielerorts eifrig gefischt und die Bestände sind stellenweise stark dezimiert. Zudem wurden Schwarze Korallen früher in Europa und heute noch in Asien als Heilmittel verkauft oder als Amulett gegen Krankheiten eingesetzt. Daher rührt auch der wissenschaftliche Name (Antipathes bedeutet »gegen Krankheit«).
Die häufigsten Arten, denen Taucher im Indopazifik begegnen, sind die beiden hier vorgestellten sowie die Gewundene Drahtkoralle. Diese ähnelt der spiraligen Art, bleibt jedoch mit einem Meter Länge kleiner und ist unregelmäßig gewunden.

1 | Spiralige Drahtkoralle *Cirrhipathes spiralis*
— Dörnchenkorallen Antipathidae

EN—Spiral coral | **FR**—Cirrhipathes

GRÖSSE 250 cm
BIOLOGIE Bei genauem Hinsehen sind auf der Oberfläche, wie auch bei der Schwarzen Drahtkoralle, die zahlreichen kleinen Dörnchen und Häkchen zu erkennen, denen die Dörnchenkorallen ihren Namen verdanken. Besiedelt gut beströmte Stellen, meist unterhalb von zehn Meter. Die Polypen fangen vorbeitreibendes Plankton.
VERBREITUNG Rotes Meer bis Westpazifik

2 | Schwarze Drahtkoralle *Antipathes dichotoma*
— Dörnchenkorallen Antipathidae

EN—Branching black coral | **FR**—Antipathes dichotoma

GRÖSSE 300 cm
BIOLOGIE Bevorzugt steile, strömungsreiche Riffhänge; meist unterhalb von 30 Meter, stellenweise auch deutlich flacher. Wächst sehr langsam, große Kolonien mit einer bis armdicken Stammbasis sind viele Jahrzehnte alt. Häufig besiedelt von anderen Planktonfängern wie Haar- und Schlangensterne sowie Flügelmuscheln. Gern auch bewohnt vom Langnasen-Büschelbarsch.
VERBREITUNG Rotes Meer bis Frz.-Polynesien

Borstenwürmer

BORSTENWÜRMER—POLYCHAETA
Etwa 10 000 Borstenwurm-Arten sind bekannt, und fast alle leben im Meer. Man findet sie im Plankton, eingegraben in Sand- und Schlammböden, sowie in Spalten oder frei umherstreifend in Fels- und Korallenriffen. Zwei Gruppen werden unterschieden.
AUF STREIFZUG Frei bewegliche Arten leben meist räuberisch und überwiegend nachtaktiv. Sie fressen andere Würmer, Krebstiere, fest sitzende Tiere sowie Detritus. Bei einigen wenigen dienen die Borsten der Verteidigung. Sie stehen in dichten Büscheln, dringen leicht auch in menschliche Haut ein, brechen dort ab und verursachen wegen ihres Giftes einen brennenden Schmerz.
SESSHAFT Andere haben ihre frei bewegliche Lebensweise zugunsten einer fest sitzenden aufgegeben. Sie sind spezialisiert auf Planktonfang, haben eine hierfür entwickelte Tentakelkrone: in der Regel das Einzige, was von den Würmern zu sehen ist. Der restliche Körper ist verborgen in einer selbst gefertigten Röhre, die zeitlebens nicht verlassen wird. Die Familie Sabellidae lebt in gummi- bis pergamentartigen Röhren, die Serpulidae in Kalkröhren.

1 | Weihnachtsbaum-Röhrenwurm
Spirobranchus giganteus — Kalk-Röhrenwürmer Sepulidae

EN—Christmas tree worm I **FR**—Ver-arbre de Noël

GRÖSSE Ø 1,5 cm (Krone)
BIOLOGIE Eingebettet in lebenden Korallen, oft in Ansammlungen. Krone aus 2 spiraligen Tentakelkränzen; sehr farbvariabel, zum Beispiel weiß, gelb, orange, blau, dunkelviolett, schwärzlich, gelegentlich auch scheckig. Planktonfänger. Sehr scheu, zieht sich bei verdächtiger Beschattung oder Druckwellen blitzschnell zurück.
VERBREITUNG zirkumtropisch

2 | Gelber Feuerwurm *Chloea flava*
— Feuerwürmer Amphinomidae

EN—Peacock bristleworm I **FR**—Ver de feu paon

GRÖSSE 10 cm
BIOLOGIE Meist auf Sand und Geröll; regelmäßig in Küstenbereichen. Aasfresser und Räuber, kann über dem Boden schwimmen. Breiter Körper mit dichten Büscheln von langen gelben Borsten. Vorsicht: Die Borsten verursachen bei Berührung einen brennenden Schmerz!
VERBREITUNG Rotes Meer bis Westpazifik

Plattwürmer

PLATTWÜRMER—PLATHELMINTHES
FLACHE GLEITER Marine Plattwürmer erreichen meist mehrere, teils bis über zehn Zentimeter Länge. Einige Hundert Arten sind bekannt, doch gegenwärtig entdecken Meeresbiologen regelmäßig neue. Plattwürmer beherrschen perfekt ein rasches, fließendes Gleiten über den Untergrund, passen sich dabei allen Unebenheiten an. Einige größere Arten können durch wellenförmige Körperbewegungen schwimmen, jedoch nur für sehr kurze Strecken.
SPÜRNASEN Sie orientieren sich vor allem geruchlich, um Nahrung und Geschlechtspartner zu finden. Dazu recken sie gelegentlich auch den Kopfbereich hoch, um die Richtung von Duftstoffen noch besser zu bestimmen. Spezialdiät: Die meisten Arten sind Räuber und fressen mit Vorliebe an fest sitzenden Wirbellosen. Dabei haben die einzelnen Arten meist spezielle Nahrungsbedürfnisse. Auf ihrem Speisezettel stehen beispielsweise Schwämme, Moostierchen und Seescheiden.
Plattwürmer sind durch eingelagerte Giftstoffe in ihrem Körper gut vor Fressfeinden geschützt. So sind die farbenfrohen Muster vieler Arten wohl als Warnfärbung zu verstehen.

1 | Goldregen-Plattwurm *Thysanozoon sp.*
—Plattwürmer Pseudocerotidae

EN—Gold-dotted flatworm | **FR**—Thyanozoon

GRÖSSE 5 cm
BIOLOGIE Relativ häufig. Diese Art sieht man gelegentlich mit wellenförmigen Bewegungen schwimmen.
VERBREITUNG Rotes Meer, mehrere sehr ähnliche Arten im Indopazifik

2 | Pracht-Plattwurm *Pseudobiceros gloriosus*
—Plattwürmer Pseudocerotidae

EN—Glorious flatworm | **FR**—Ver plat glorieux

GRÖSSE 9 cm
BIOLOGIE Mehrere sehr ähnliche Arten, deren Randsaum jedoch andere Farbkombinationen hat. Kann schwimmen, vorwiegend nachtaktiv.
VERBREITUNG Rotes Meer bis Hawaii

Plattwürmer

1 | Susans Plattwurm *Pseudoceros susanae*
— Plattwürmer Pseudocerotidae

EN—Susan's Flatworm I **FR**—Pseudoceros susanae

GRÖSSE 3 cm
BIOLOGIE Rückenmitte orange mit weißen Längsstreifen. Randsaum meist purpurviolett. Gewöhnlich auf Hartgrund, gebietsweise relativ häufig.
VERBREITUNG Zentraler Indik (Malediven, Seychellen) bis Indonesien, Philippinen.

2 | Rost-Plattwurm *Pseudoceros cf. ferugineus*
— Plattwürmer Pseudocerotidae

EN—Fuchsia flatworm I **FR**—Pseudobiceros ferrugineus

GRÖSSE 5 cm
BIOLOGIE Rost- bis scharlachrote Grundfärbung, dicht gesprenkelt mit kleinen weißen Flecken. Frisst koloniale Seescheiden, ist tag- und nachtaktiv.
VERBREITUNG Rotes Meer bis Polynesien

3 | Bedfords Plattwurm *Pseudobiceros bedfordi*
— Plattwürmer Pseudocerotidae

EN—Bedford's flatworm I **FR**—Ver plat de bedford

GRÖSSE 10 cm
BIOLOGIE Große, auffällige Art mit unterschiedlich intensiver, farbsatter Färbung. Kann recht schnell über den Untergrund gleiten und elegant schwimmen. Zu seiner Nahrung gehören Seescheiden.
VERBREITUNG Rotes Meer bis Westpazifik

Plattwürmer

1 | Karamell-Plattwurm *Maiazoon orsaki*
— Plattwürmer Pseudocerotidae

EN—Orsak's flatworm | **FR**—Ver plat d'Orsak

GRÖSSE 6 cm
BIOLOGIE Cremefarben mit braunem, rüschenartigen, schwarz gerandeten Saum. Auf der Kopfmitte kleiner Augenfleck erkennbar. Das Foto zeigt ihn auf einer Kolonie-Seescheide, die zu seiner Nahrung gehört.
VERBREITUNG Indopazifik

2 | Rennstreifen-Plattwurm *Pseudoceros bifurcus*
— Plattwürmer Pseudocerotidae

EN— Racing stripe Flatworm

GRÖSSE 6 cm
BIOLOGIE Blau mit einem weißen Mittelstreifen. Dieser mit dunklen Randlinien und vorn mit länglichem orangefarbenem Fleck. Auf Hartgrund, nicht selten.
VERBREITUNG Indo-Westpazifik.

3 | Lindas Plattwurm *Pseudoceros lindae*
— Plattwürmer Pseudocerotidae

EN— Linda's flatworm

GRÖSSE 5 cm
BIOLOGIE Rotbraun mit orange Flecken, zum Rand hin meist gelbliche bis weiße Flecken. Auf Sand- und Hartgrund.
VERBREITUNG Indo-Westpazifik.

Vorderkiemer-Schnecken

VORDERKIEMER-SCHNECKEN — PROSOBRANCHIA
Schnecken stellen mit über 110 000 Arten die größte Gruppe innerhalb der Weichtiere. Die meisten sind Gehäuseschnecken, tragen also ein schützendes Schneckenhaus.
REIBEISEN Typisch für Schnecken ist eine hoch entwickelte Raspelzunge (Radula). Besetzt mit zahlreichen winzigen Zähnchen können sie Algen vom Untergrund abweiden. Sie fressen damit aber auch zahlreiche Wirbellose und manche können durch Drillbewegungen kreisrunde Löcher in Schalen anderer Schnecken oder Muscheln bohren. Einige haben stark abgewandelte Zungen, etwa die Kegelschnecken.
GIFTPFEILE Alle Kegelschnecken sind aktive Jäger, die sogar flinke Fische erbeuten. Wenn sprichwörtlich langsame Schnecken dazu fähig sind, hat sich die Natur schon etwas einfallen lassen. Kegelschnecken jagen mit Giftpfeilen, ihre Gifte zählen zu den wirksamsten überhaupt, und manche Arten können einen Menschen in kurzer Zeit töten. Gefahr besteht jedoch nur, wenn man die Tiere einsammelt oder mit ihnen hantiert. Kegelschnecken sollte man zur eigenen Sicherheit nie anfassen.

1 | Tritonshorn *Charonia tritonis*
— Tritonshörner Ranellidae

EN—Triton's trumpet I **FR**—Triton géant

GRÖSSE 50 cm
BIOLOGIE Nächtlicher Räuber, jagt große Seesterne, auch Dornenkronen. Löst mit Schwefelsäure Seeigelschalen auf.
VERBREITUNG Rotes Meer bis Polynesien; Mittelmeer

2 | Nabel-Eischnecke *Calpurnus verrucosus*
— Eischnecken Ovulidae

EN—Umbilical ovula I **FR**—Calpurnus verrucosus

GRÖSSE 4,5 cm
BIOLOGIE Ernährt sich vor allem von Weichkorallen der Gattungen Sarcophyton und Lobophyton (S. 166), daneben auch von Schwämmen.
VERBREITUNG Rotes Meer bis Fidschi

3 | Textil-Kegelschnecke *Conus textile*
— Kegelschnecken Conidae

EN—Textile cone shell I **FR**—Toison d'or

GRÖSSE 15 cm
BIOLOGIE Nachtaktiv, frisst Schnecken und Kegelschnecken, Würmer und Fische. Äußerst gefährlich! Wird bis 9 Jahre alt.
VERBREITUNG Rotes Meer bis Frz.-Polynesien

Nacktschnecken

NACKTSCHNECKEN — NUDIBRANCHIA

Nacktschnecken sind recht schnellwüchsig. Die meisten Arten leben nur einige Monate, die wenigen mit etwa einjähriger Lebenserwartung gelten schon als Methusalems. Viele Arten erreichen in ihrer kurzen Lebensspanne Körperlängen zwischen einem und 10 cm, wenige sind größer.

Nacktschnecken besitzen eine raffinierte Feindabwehr und eine Vorliebe für giftige Nahrung. Beides hängt eng zusammen. Viele fest sitzende Tiere wie Schwämme, Nesseltiere oder Seescheiden schützen sich durch Toxine in ihrem Gewebe vor Fressfeinden. Die meisten Nacktschnecken jedoch haben sich in ihrer Ernährung genau auf solch fest sitzende Tiere spezialisiert.

GIFTSPEICHER Sie sind immun gegenüber den Giften ihrer Beute und speichern diese Stoffe sogar im eigenen Körpergewebe. So werden sie selbst giftig und sind dadurch ihrerseits bestens geschützt. Fadenschnecken fressen Nesseltiere und speichern deren Nesselkapseln zum eigenen Schutz in ihren auffälligen Rückenanhängen. Einige übernehmen zudem auch die symbiontischen Algen (Zooxanthellen) ihrer Beute.

1 | Gestreifte Nembrota *Nembrotha purpureolineata*
— Neon-Sternschnecken Polyceridae

EN—Striped Nembrotha I **FR**—Nembrotha purpureolineata

GRÖSSE 6 cm
BIOLOGIE Wie andere Nembrotha ist auch diese eine überraschend schnelle, agile Nacktschnecke.
VERBREITUNG Ostafrika bis Japan und Westaustralien

2 | Pyjama-Sternschnecke *Chromodoris quadricolor*
— Pracht-Sternschnecken Chromodorididae

EN—Pyjama nudibranch I **FR**—Doris-pyjama

GRÖSSE 4,5 cm
BIOLOGIE Gehört im Roten Meer zu den häufigsten und gut bekannten Arten. Ernährt sich von Pracht-Geweihschwamm (S. 160).
VERBREITUNG Rotes Meer bis Tansania

3 | Tryons-Sternschnecke *Risbecia tryoni*
— Pracht-Sternschnecken Chromodorididae

EN—Tryon's nudibranch I **FR**—Risbecia tryoni

GRÖSSE 10 cm
BIOLOGIE Streift oft paarweise im »Gänsemarsch« umher, wobei die hintere Schnecke mit ihrem Kopf Kontakt zur vorderen hält.
VERBREITUNG Ostafrika bis Frz.-Polynesien

Nacktschnecken

1 | **Spanische Tänzerin** *Hexabranchus sanguineus*
—Spanische-Tänzerinnen Hexabranchidae

EN—Spanish dancer   I   **FR**—

GRÖSSE bis 50 cm
BIOLOGIE Eine der größten Arten, kann mit eleganten Wellenbewegungen spektakulär schwimmen. Im Roten Meer (s. Foto) scharlachrot und meist »nur« bis 30 cm lang. Anderswo auch orange oder gelb.
VERBREITUNG Rotes Meer bis Frz.-Polynesien

2 | **Kunie-Sternschnecke** *Chromodoris kuniei*
—Pracht-Sternschnecken Chromodorididae

EN—Kunie's chromodoris   I   **FR**—Doris de Kunié

GRÖSSE 5 cm
BIOLOGIE Häufige Art, frisst Schwämme. Es gibt im Indopazifik mindestens zwei sehr ähnliche, an Details im Farbmuster jedoch unterscheidbare Arten (C. geminus und C. tritos).
VERBREITUNG Indonesien bis Australien, Philippinen und Marshallinseln.

3 | **Augenflecken-Warzenschnecke** *Phyllidia ocellata*
—Warzenschnecken Phyllidiidae

EN—Eyespot nudibranch   I   **FR**—Phyllidia ocellata

GRÖSSE 6 cm
BIOLOGIE Häufige Art in vielen Farbvarianten; evtl. ist P. undula (Rotes Meer) mit ihren schwarz-weißen, wellenförmigen Streifen auch nur eine Variante. Frisst Schwämme.Verbreitung (Rotes Meer), Indischer Ozean bis Westpazifik

Nacktschnecken

1 | **Blauer Drache** *Pteraeolidia ianthina*
—Fadenschnecken Facelinidae

EN—Blue dragon I **FR**—Pteraeolidia ianthina

GRÖSSE 10 cm
BIOLOGIE Farbe variabel, Grün, Blau oder Purpur, je nach Algen in ihrem Gewebe. Frisst Nesseltiere wie Seefarne und Lederkorallen, übernimmt deren Nesselkapseln und symbiontischen Algen.
VERBREITUNG Rotes Meer bis Frz.-Polynesien

2 | **Purpur-Sternschnecke** *Hypselodoris apolegma*
—Pracht-Sternschnecken Chromodorididae

EN— Robe hem hypselodoris

GRÖSSE 10 cm
BIOLOGIE Gebietsweise relativ häufig. Auf Hartgrund. Es gibt recht ähnliche Arten, wurde daher erst vor einigen Jahren als eigene Art erkannt.
VERBREITUNG Von Malaysia und Indonesien bis Philippinen und Japan.

3 | **Variable Warzenschnecke** *Phyllidia varicosa*
—Warzenschnecken Phyllidiidae

EN—Swollen Phyllidia I **FR**—Phyllidie verruqueuse

GRÖSSE 11 cm
BIOLOGIE Weit verbreitete und recht häufige Art. Kriecht meist über Korallengestein, auch über Geröll. Ernährt sich von Schwämmen
VERBREITUNG Rotes Meer und Ostafrika bis Japan, Palau und Gesellschaftsinseln.

Muscheln

MUSCHELN—BIVALVIA

Muscheln gehören wie Schnecken und Kopffüßer zu den Weichtieren (Mollusca). Die meisten Muscheln sind aktive Filtrierer. Über eine Atemöffnung saugen sie Wasser ein, an den Kiemen vorbei und stoßen es durch eine Ausströmöffnung wieder aus. Beim Passieren der Kiemen wird zugleich Plankton herausfiltriert. Einige, wie die Riesenmuscheln, besitzen symbiontische Algen, durch die sie zusätzlich mit Nährstoffen aus der Fotosynthese versorgt werden.

Die meisten Arten graben in Sand, andere heften sich mit sogenannten Byssusfäden an Hartgrund fest. Einige bohren sich in Gestein oder Korallenstöcke ein. Feilenmuscheln schwimmen bei Gefahr durch Zusammenschlagen der Schalen »hüpfend« kurze Strecken davon.

Manche Muscheln produzieren Perlen, indem sie eingedrungene Fremdkörper, etwa ein Sandkorn, mit Perlmuttschichten überziehen. Einige Arten haben am Mantelrand Reihen einfacher Augen sowie Sinneszellen, die auf Druckwellen reagieren: Die Variable Stachelauster zum Beispiel klappt bei unvorsichtiger Annäherung eines Tauchers sofort die Schalen zu.

1 | Schuppige Riesenmuschel *Tridacna squamosa*
— Riesenmuscheln Tridacnidae

EN—Squamose giant clam | **FR**—Tridacna squamosa

GRÖSSE 40 cm
BIOLOGIE Dickwandige, wellenförmige Schale mit breit gefalteten, weit auseinanderstehenden Schuppen. Mantelfarbe meist graublau, grün oder bräunlich. Meist mehr oder weniger stark eingebettet in Spalten oder eingewachsen in Korallenblöcken. Ernährt sich vorwiegend über die Fotosynthese-Produkte ihrer Zooxanthellen. Schließt bei Beunruhigung die Schalen vergleichsweise langsam.
VERBREITUNG Rotes Meer bis Samoa

2 | Variable Stachelauster *Spondylus varius*
— Stachelaustern Spondylidae

EN—Orange-mouth thorny oyster | **FR**—Spondylus varius

GRÖSSE 25 cm
BIOLOGIE Schalen immer bewachsen mit Algen, Schwämmen und anderen Siedlern. Mantel sehr farbenfroh und variabel: mit gelben, orangenen, roten, blauen und lila Markierungen sowie mit Reihen kleiner Augen am oberen und unteren Rand. Klappt schon bei leisester Beunruhigung sofort und sehr schnell die Schalen zu.
VERBREITUNG Rotes Meer bis Marshallinseln

Kraken | Sepien

KRAKEN — OCTOPODIDAE
Alle Mitglieder dieser Krakenfamilie sind typische Bodenbewohner. Doch Kraken können auch schwimmen, tun dies aber nur selten. Das Schwimmen erfolgt nach dem Rückstoßprinzip, indem sie Wasser aus dem schwenkbaren Atemtrichter ausstoßen. Kraken können ihre Farbe in Bruchteilen von Sekunden ändern, etwa um sich zur Tarnung der Umgebung anzupassen.

1 | Roter Krake *Octopus cyanea*
— Kraken Octopodidae

EN — Day octopus | **FR** — Poulpe de récif commun

GRÖSSE 100 cm
BIOLOGIE In indopazifischen Korallenriffen die häufigste von Tauchern gesichtete Art. Auch tagaktiv. Bewohnt sowohl Lagunen als auch Außenriffe vom Flachwasser bis über 25 m. Nutzt als Unterschlupf kleine Höhlen oder Felsspalten, deren Eingang er oft mit Muscheln und Steinen verkleinert. Frisst vorwiegend Krabben, gelegentlich auch Weichtiere und Fische.
VERBREITUNG Rotes Meer bis Polynesien

SEPIEN — SEPIIDAE
Sepien können blitzschnell zwischen vielen unterschiedlichen Farbmustern wechseln. Sie haben 8 Kopfarme und 2 längere, ebenfalls mit Saugnäpfen bestückte Fangtentakel, die sie zum Beutefang weit vorschleudern können. Sepien leben zwar auch bodenorientiert, schwimmen oder schweben jedoch meist etwas über dem Grund.

2 | Pharao-Sepia *Sepia pharaonis*
— Sepien Sepiidae

EN — Pharaoh cuttlefish | **FR** — Sepia pharaonis

GRÖSSE 40 cm (Mantel)
BIOLOGIE Kann außer ihrem Farbmuster auch ihre Hautstruktur durch Muskelkontraktionen ändern: Auf der meist glatten Haut bilden sich dann zottige Fortsätze und Lappen. Zeigt bei Erregung wie zur Balz ein markantes Querstreifen-muster. Schwimmt nachts häufig im flachen Wasser, frisst Krebse und Fische; 0,3 –110 m.
VERBREITUNG Rotes Meer bis Japan

Krebse

KREBSE — CRUSTACEAA

MEERESRITTER Rund 45 000 Arten von Krebsen sind heute bekannt. Es dürften jedoch wesentlich mehr sein, da ständig neue entdeckt werden. Das Prinzip Ritterrüstung nutzten Krebse schon vor rund 500 Millionen Jahren. Bei allen Verbesserungen und Variationen blieb das Prinzip bis heute gleich: ein bewegliches Außenskelett, das die Tiere vollständig umhüllt. Trotz Rüstung sind Krebse äußerst mobil und gelenkig, denn ihr Panzer besteht aus Chitin, das fest und leicht zugleich ist.

RÜSTUNGSWECHSEL Einen Haken jedoch hat das Außenskelett: Es wächst mit zunehmender Größe seines Trägers nicht mit. Also muss es in Abständen erneuert werden, immer wenn wieder ein Wachstumsschub fällig ist. Das ist für Krebse die Zeit der Häutung.

Der neue Panzer bildet sich unter dem alten aus, noch bevor dieser abgeworfen wird. Hat sich der Krebs aus seiner alten, zu eng gewordenen Schale herausgewunden, kann er schlagartig wachsen, denn die neue Schale ist noch dehnbar und weich. Pro Häutung können verschiedene Arten bis 30 Prozent Längenzuwachs erreichen.

1 | Harlekin-Garnele *Hymenocera elegans*
— Harlekingarnelen Hymenoceridae

EN—Harlequin shrimp | **FR**—Crevette Arlequin

GRÖSSE 5 cm
BIOLOGIE Leben gewöhnlich paarweise, territorial und in fester Bindung, teils über Jahre. Der Zusammenhalt wird durch einen Pheromon-Duftstoff des Weibchens gewährleistet. Drehen in Kooperation Seesterne auf den Rücken und fressen die Füßchen und Eingeweide.
VERBREITUNG Rotes Meer bis Indonesien

2 | Gebänderte Scherengarnele *Stenopus hispidus*
— Scherengarnelen Stenopodidae

EN—Banded coral shrimp | **FR**—Grande crevette nettoyeuse

GRÖSSE 5 cm
BIOLOGIE Bewohnt meist Spalten, häufig paarweise; die Männchen sind kleiner als die Weibchen. Unterhalten Putzerstationen, locken vor ihrem Unterschlupf Fischkunden durch Schwenken der Antennen. Die Putzsymbiose ist von beiderseitigem Vorteil: Die Fische werden von Hautparasiten befreit, die Garnelen erhalten eine Mahlzeit.
VERBREITUNG zirkumtropisch

Krebse

1 | Gestreifte Languste *Panulirus versicolor*
—Langusten Paluniridae

EN—Painted spiny lobster   I   **FR**—Langouste peinte

GRÖSSE 40 cm
BIOLOGIE Tagsüber in Spalten, oft ragen die langen Antennen hervor. Gesellig, oft in kleinen Gruppen. Durchstreift nachts das Riff, frisst Muscheln, Seesterne, Würmer und tote Fische; 1 bis mind. 50 m.
VERBREITUNG Rotes Meer bis Frz.-Polynesien

2 | Muschel-Bärenkrebs *Scyllarides tridacnophaga*
—Bärenkrebse Scyllaridae

EN—Clam digger   I   **FR**—Scyllarides tridacnophaga

GRÖSSE 35 cm
BIOLOGIE Nachtaktiv. Kann Riesenmuscheln öffnen und mit den plattenförmigen Antennen Beutetiere aus Weichböden ausgraben. Schießt bei Gefahr durch Einklappen des Schwanzfächers rückwärts davon; 1–122 m.
VERBREITUNG Rotes Meer bis Thailand

3 | Anemonen-Einsiedler *Dardanus pedunculatus*
—Einsiedlerkrebse–Diogenidae

EN—Anemone hermit crab   I   **FR**—Bernard l'ermite à yeux verts

GRÖSSE 10 cm
BIOLOGIE Nachtaktiver, räuberischer Allesfresser. Fast immer in Symbiose mit Anemonen, die er bei einem Wechsel in ein größeres Gehäuse mitnimmt.
VERBREITUNG Ostafrika, Malediven bis Frz.-Polynesien

Krebse

1 | Gefleckter Porzellankrebs *Neopetrolisthes oshima*
—Porzellankrebse Porcellanidae

EN—Porcelain anemone crab I **FR**—Neopetrolisthes oshima

GRÖSSE 2,5 cm
BIOLOGIE Lebt fast immer paarweise auf Seeanemonen. Ernährt sich als Filtrierer, indem er das dritte, mit feinen, langen Borsten versehene Kieferfußpaar durch das Wasser schwenkt.
VERBREITUNG Indo-Westpazifik

2 | Konvexe Riffkrabbe *Carpilius convexus*
—Riffkrabben Carpiliidae

EN—Red reef crab I **FR**—Crabe rouge du corail

GRÖSSE 9 cm
BIOLOGIE Färbung variabel, einheitlich Orangerot bis Rotbraun oder marmoriert. Auf Riffdächern und an Hängen. Frisst nachts Schnecken und Seeigel, öffnet Schalen mit seinen kräftigen Scheren.
VERBREITUNG Rotes Meer bis Frz.-Polynesien

3 | Harlekin-Schwimmkrabbe *Lissocarcinus orbicularis*
—Schwimmkrabben Portunidae

EN—Harlequin crab I **FR**—Lissocarcinus orbicularis

GRÖSSE 4 cm
BIOLOGIE Färbung variabel: dunkelbraunes bis orangebraunes Muster auf weißem Grund oder umgekehrt. Oft auf Seegurken, auf denen sie kommensalisch lebt; scheu, hält sich tagsüber häufig auf deren Unterseite auf.
VERBREITUNG Rotes Meer bis Fidschi

Krebse

1 | Durban Tanzgarnele *Rhynchocinetes durbanensis*
—Tanzgarnelen Rhynchocinetidae

EN—Dancing shrimp   I   **FR**—Rhynchocinetes durbanensis

GRÖSSE 18 cm
BIOLOGIE Fangbeine mit keulenförmiger Verdickung, zertrümmert hartschalige Beute. Bewohnt u-förmige Röhre, in die er sich bei Störung zurückzieht, kann jedoch auch neugierig und unerschrocken sein.
VERBREITUNG Ostafrika, Malediven bis Samoa

2 | Drahtkorallen-Spinnenkrabbe
Xenocarcinus tuberculatus—Epialtidae

EN—Wire coral crab   I   **FR**—Xenocarcinus tuberculatus

GRÖSSE 18 cm
BIOLOGIE Fangbeine mit keulenförmiger Verdickung, zertrümmert hartschalige Beute. Bewohnt u-förmige Röhre, in die er sich bei Störung zurückzieht, kann jedoch auch neugierig und unerschrocken sein.
VERBREITUNG Ostafrika, Malediven bis Samoa

3 | Harlekin-Fangschreckenkrebs
Odontodactylus scyllarus
—Fangschreckenkrebse Odontodactylidae

EN—Peacock mantis shrimp   I   **FR**—Squille multicolore

GRÖSSE 18 cm
BIOLOGIE Fangbeine mit keulenförmiger Verdickung, zertrümmert hartschalige Beute. Bewohnt u-förmige Röhre, in die er sich bei Störung zurückzieht, kann jedoch auch neugierig und unerschrocken sein.
VERBREITUNG Ostafrika, Malediven bis Samoa

Kraken | Schlangensterne

HAARSTERNE — CRINOIDEA
Haar- oder Federsterne haben sehr bewegliche Arme und sind oftmals bunt gefärbt. Sie können sich mit krallenartigen Cirren an ihrer Unterseite fortbewegen und festhalten. Manche sind tagsüber versteckt in Spalten und erklimmen erst zur Nacht exponierte Stellen im Riff, um mit ausgebreiteten Armen Plankton aus der Strömung zu fangen.

1 | Schlegels Haarstern *Comaster schlegelii*
— Haarsterne Comatulidae

EN — Variable bushy feather star | **FR** — Comanthina schlegelii

GRÖSSE 20 cm
BIOLOGIE Recht häufig. Die Färbung ist sehr variabel, teils einheitlich, Arme und Fiederchen teils auch unterschiedlich gefärbt. Bis zu 130 dicht stehende Arme. Auch tagsüber an exponierten, strömungsreichen Stellen zu sehen. Halten sich häufig nicht nur mit den Cirren, sondern auch mit den unteren, oft kürzeren Armen am Substrat fest.
VERBREITUNG Malediven bis Westpazifik

SCHLANGENSTERNE — OPHIUROIDEA
Schlangensterne stellen mit 2000 Arten die größte Gruppe im Stamm der Stachelhäuter, zu denen noch Haarsterne, Seesterne, Seeigel und Seegurken gehören. Tagsüber meist versteckt in Spalten, unter Steinen oder in Weichböden. Sie kommen nachts hervor, grasen Detritus vom Substrat oder fischen es mit Plankton aus dem Wasser.

2 | Savignys Schlangenstern *Ophiothrix savignyi*
— Schlangensterne Ophiotrichidae

EN — Long-spined brittle star | **FR** —

GRÖSSE 15 cm
BIOLOGIE Dank ihrer flexiblen Arme sind Schlangensterne sehr beweglich und relativ schnell, sozusagen die »Sprinter« ihres Stammes. Sie kriechen durch Biegen und Strecken der Arme vorwärts. Diese sind leicht zerbrechlich. Schnappt ein Fressfeind nach einem Arm, kann dieser an jeder Stelle abbrechen und dem Schlangenstern so ein Entkommen ermöglichen.
VERBREITUNG Rotes Meer bis Neukaledonien

Seesterne

SEESTERNE — ASTEROIDEA

Rund 1600 Arten sind bekannt, mit Durchmessern von weniger als 1 cm bis über 100 cm Durchmesser. Die meisten haben 5, manche Arten jedoch mehr Arme. Die Fortbewegung erfolgt über die zahlreichen Füßchen – es können viele Hundert bis über Tausend sein – auf der Körperunterseite, die Arme selbst werden kaum direkt bewegt.

STÜLPMAGEN Zahlreiche Arten sind Räuber, fressen aber auch Aas. Zu ihrem Beutespektrum gehören zahlreiche Wirbellose wie Schwämme, Krebse, Schnecken, Muscheln, Moostierchen, Seescheiden, auch andere Seesterne. Viele sind nicht wählerisch und fressen, was sie finden und überwältigen können. Seesterne haben kein Maul, sie stülpen einfach einen faltenreichen Magenabschnitt über die Beute. Ist diese zu groß, wird sie außerhalb des Körpers vorverdaut und in verflüssigter Form aufgenommen.

Bei vielen können abgetrennte Arme wieder vollständig nachwachsen. Manche, besonders Linckia-Arten, vermehren sich auch ungeschlechtlich, indem sie sich selbst einen Arm abtrennen, aus dem anschließend wieder ein vollständiges Tier heranwächst.

1 | Blauer Seestern *Linckia laevigata*
— Seesterne Ophidiasteridae

EN—Blue sea star | **FR**—

GRÖSSE 40 cm
BIOLOGIE Kann sich selbst einen Arm abtrennen, aus dem wieder ein vollständiges Tier heranwächst.
VERBREITUNG Ostafrika, Indopazifik bis Hawaii

2 | Walzenstern *Choriaster granulatus*
— Walzenseesterne Oreasteridae

EN—Granulated sea star | **FR**—

GRÖSSE 25 cm
BIOLOGIE Farbvariabel: weißlich, creme, orange bis rot. Auf Hartgrund und lebenden Korallen, frisst Detritus und kleine Wirbellose.
VERBREITUNG Rotes Meer bis Fidschi

3 | Dornenkrone *Acanthaster planci*
— Dornenkronen Acanthasteridae

EN—Crown-of-thorns starfish | **FR**—

GRÖSSE 50 cm
BIOLOGIE Ernährt sich von Steinkorallen-Polypen. Kann in Massenansammlungen große Riffareale schädigen. Achtung: giftige Stacheln!
VERBREITUNG Rotes Meer bis Mexiko

Seeigel

SEEIGEL—ECHINOIDEA

Seeigel sind überwiegend nachtaktiv. Viele verbringen den Tag verborgen in Löchern und Spalten des Riffs. Andere, wie die Diademseeigel, ruhen gelegentlich tagsüber auch auf freien Flächen, dann jedoch zum gegenseitigen Schutz dicht zusammengedrängt in größeren Gruppen. Trotz ihres meist wehrhaften Stachelwaldes haben Seeigel Fressfeinde, darunter verschiedene Drücker-, Kugel- und Lippfische. Die nächtliche Lebensweise ist daher als Schutzverhalten zu verstehen.

WEIDEGÄNGER Seeigel ernähren sich vor allem von winzigen Algen, die sie vom felsigen Untergrund abschaben. Je nach Art fressen sie daneben auch in unterschiedlichem Maße verschiedene fest sitzende Tiere, darunter auch Korallenpolypen.

Weltweit gibt es ungefähr 900 Arten. Viele haben spitze Stacheln, Diademseeigel zudem besonders lange, bis über 40 cm. Andere haben sehr kurze oder stumpfe Stacheln. Bei Griffelseeigeln zum Beispiel sind sie bleistiftdick, etwa fingerlang, aber stumpf. Damit verkeilen sie sich nachts äußerst stabil in Spalten.

1 | Kugel-Seeigel *Mespillia globulus*
— Seeigel Temnopleuridae

EN—Globe urchin | **FR**—

GRÖSSE 5 cm
BIOLOGIE Die Färbung der fünf breiten, stachelfreien Bänder ist variabel, in Tönen von Blau bis Grün. Schabt Algen von Hartsubstraten ab. Tarnt sich gern mit Algen, Korallen- und Muschelbruch. Nachts häufiger, doch nicht selten auch tagsüber im Freien zu sehen. Verbreitung Indien, Malediven bis Westpazifik

2 | Calamaris-Seeigel *Echinotrix calamaris*
— Diademseeigel Diadematidae

EN—Hatpin urchin | **FR**—

GRÖSSE 20 cm
BIOLOGIE Die langen Stacheln sind bei Jungtieren gebändert (Foto), bei Erwachsenen meist schwarz, selten weiß. Stacheln dringen leicht in die menschliche Haut ein, Stiche sind recht schmerzhaft; 1–30 m.
VERBREITUNG Rotes Meer bis Hawaii und Pitcairninseln

Seeigel

1 | Variabler Feuerseeigel *Asthenosoma varium*
—Feuerseeigel Echinothuridae

EN—Fire urchin I **FR**—

GRÖSSE 28 cm
BIOLOGIE Tagsüber meist versteckt, eher nachts aktiv und dann im Freien. Auf seiner Oberfläche wohnen häufig kommensale Garnelen oder Krabben. Verletzungen durch die Stacheln sind sehr schmerzhaft; 1–285 m.
VERBREITUNG Oman bis Neukaledonien

2 | Rousseaus Seeigel *Microcyphus rousseaui*
—Seeigel Temnopleuridae

EN—Rousseau's urchin I **FR**—

GRÖSSE 5 cm
BIOLOGIE Die stachellosen Zonen tragen markantes Zickzackmuster. Schabt Algenaufwuchs und fest sitzende Tiere von Hartgründen ab. Seltene Art, nachtaktiv; 1–30 m.
VERBREITUNG Rotes Meer, Golf von Oman bis Südmosambik

3 | Griffel-Seeigel *Heterocentrotus mamillatus*
—Seeigel Echinometridae

EN—Slate pencil urchin I **FR**—

GRÖSSE 30 cm
BIOLOGIE Dicke, stumpfe Primärstacheln mit weißem Ring an der Basis. Verkeilt sich damit tagsüber in Löchern und Spalten des Riffs. Nachtaktiver Allesfresser, meist in geringen Tiefen zwischen 0,5 –10 m.
VERBREITUNG Rotes Meer bis Polynesien

Seegurken

SEEGURKEN—HOLOTHUROIDEA
Weltweit sind über 1200 Arten bekannt, von polaren bis zu tropischen Gewässern, von Gezeitenzonen bis zur Tiefsee. Ihre Größe reicht von 1 bis über 200 cm. In indopazifischen Riffen sind die zahlreichen, auf Hart- und Sandböden lebenden Seegurken ein vertrauter Anblick. Es ist ihnen kaum anzusehen, doch wie Seesterne, Seeigel, Schlangen- und Haarsterne gehören sie zu den Stachelhäutern.

DETRITUSFRESSER Die meisten der im Riff lebenden Seegurken ernähren sich, indem sie große Mengen der oberen Sandschichten schlucken und das darin enthaltene organische Material (Detritus) verwerten. Einige Arten leben vorwiegend auf Hartgrund und tupfen hier mit den schildförmigen Endplatten ihrer Tentakel Detritus von der Oberfläche ab; gut zu beobachten ist dies häufig bei der Gestrichelten Seegurke.

Andere besitzen als Planktonfresser bäumchenförmige Tentakel. Zum Fang vorbeidriftender Zooplankter sowie organischer Partikel strecken sie ihre Tentakelkrone ins freie Wasser.

Manche Arten stoßen bei Belästigung lange, klebrige, leicht giftige Fäden aus.

1 | Edel-Seegurke *Holothuria fuscogilva*
—Seegurken Holothuridae

EN—White teated cucumber | **FR**—

GRÖSSE 50 cm
BIOLOGIE Auf Sandgrund und Riffen. Frisst Detritus und Kleinsttiere. In Asien als »Trepang« geschätzt.
VERBREITUNG Rotes Meer bis Frz.-Polynesien

2 | Gestrichelte Seegurke *Pearsonothuria graeffei*
—Seegurken Cucumaridae

EN—Leopard sea cucumber | **FR**—

GRÖSSE 50 cm
BIOLOGIE Auf Fels- und Korallenriffen, kann sehr gut klettern. Tupft mit stempelförmigen Tentakeln Detritus vom Substrat ab.
VERBREITUNG Rotes Meer bis Frz.-Polynesien

3 | Apfel-Seegurke *Pseudocolochirus violaceus*
—Seegurken Holothuridae

EN—Sea apple | **FR**—

GRÖSSE 15 cm
BIOLOGIE Fängt mit bäumchenartigen Tentakeln Plankton und Detritus. Farbvarianten in Gelb, Blau und Rot. Oft in Gruppen.
VERBREITUNG Indonesien bis Philippinen

Seescheiden

SEESCHEIDEN — ASCIDIA
VERSCHMELZUNG gibt einzelne, soziale und koloniale Seescheiden. Die sozialen leben in kleinen Gruppen, nur an ihrer Basis miteinander verbunden. Koloniale Seescheiden bestehen aus teils vielen Tausenden Miniindividuen, deren Körpermantel zu einer gemeinsamen Masse verschmolzen ist.
PUMPSTATION Seescheiden sind kleine Hochleistungspumpen. Als aktive Filtrierer ernähren sie sich von organischen Partikeln und von Mikroorganismen aus dem umgebenden Wasser. Dazu pumpen sie große Mengen Wasser durch ihren Körper: Untersuchte Einzeltiere schafften eine tägliche Filterleistung von etwa 175 Liter.
FEINSTAUB-FILTER Das Wasser strömt durch einen Kiemendarm, der einen großen Teil des Innenraums einer Seescheide einnimmt und funktioniert wie ein Filterbeutel. Selbst winzigste Partikel von 0,0005 mm Größe bleiben hängen. Das ganze System ist selbstreinigend. In Abständen können sich Seescheiden zusammenziehen, um Wasser durch die Einströmöffnung zurück nach außen zu drücken. Dabei wird unerwünschtes Material aus dem Schlund ausgestoßen und dieser gereinigt.

1 | Blaue Seescheide *Rhopalaea crassa*
— Seescheiden Diazonidae

EN—Blue tunicate | **FR**—

GRÖSSE 6 cm
BIOLOGIE Blau bis türkis, teils mit durchscheinender Netzzeichnung. Einzeln, oft in lockeren Gruppen.
VERBREITUNG Indonesien bis Australien

2 | Gold-Seescheide *Polycarpa aurata*
— Seescheiden Styelidae

EN—Purple sea squirt | **FR**—

GRÖSSE 10 cm
BIOLOGIE Einzeltier, häufige und weitverbreitete Art. Vermehrt sich nur geschlechtlich. Schließt bei Störung die Öffnungen.
VERBREITUNG Sri Lanka bis Mikronesien

3 | Robuste Seescheide *Atriolum robustum*
— Seescheiden Didemnidae

EN—Robust sea squirt | **FR**—

GRÖSSE 3 cm
BIOLOGIE Kolonial; jede der kleinen Einströmöffnungen steht für ein Individuum; gemeinsam teilen sie sich eine große Ausströmöffnung.
VERBREITUNG Indonesien bis Westpazifik

Tropische Meeresregionen

Register

—A

Ablabys taenianotus 56
Abudefduf vaigiensis 108
Acanthaster planci 240
Acanthopagrus bifasciatus 88
Acanthuridae 146
Acanthurus bariene 148
Acanthurus leucosternon 146
Acanthurus mata 146
Acanthurus sohal 146
Acanthurus triostegus 148
Acanthurus triostegus 146
Acanturus lineatus 148
Acropora formosa 206
Acropora sp. 204
Actinaria 202
Adlerrochen, Gefleckter 18
Aeoliscus strigatus 46
Aetobatus narinari 18
Alcyonaria 192
Aluterus scriptus 162
Amblyeleotris aurora 138
Amblyglyphidodon aureus 108
Ammenhai, Gewöhnlicher 14
Ammenhaiartige 14
Amphiprion clarkii 110
Amphiprion ephippium 114
Amphiprion melanopus 112
Amphiprion nigripes 112
Amphiprion ocellaris 110
Amphiprion perideraion 112
Amphiprion sandaracinos 114
Amphiprioninae 110
Amplexidiscus fenestrafer 200
Anemone, Noppenrand- 202
Anemone, Pracht- 202
Anemonen-Einsiedler 232
Anemonenfisch, Clarks 110
Anemonenfisch, Glühkohlen- 114
Anemonenfisch, Halsband- 112
Anemonenfisch, Malediven- 112
Anemonenfisch, Oranger 114
Anemonenfisch, Orange-Ringel- 110
Anemonenfisch, Schwarzflossen- 112
Anemonenfisch, Stachel- 114
Anemonenfische 110
Anglerfisch, Riesen- 34
Anglerfisch, Rundflecken- 34
Anglerfische 34
Annella mollis 196
Antennariidae 34
Antennarius commersoni 34
Antennarius pictus 34
Antennen-Feuerfisch 48
Anthiinae 66
Antipathes dichotoma 208
Antipathidae 208
Anyperodon leucogrammicus 72
Apfel-Seegurke 246
Apogon aureus 76
Apogonidae 76
Apolemichthys trimaculatus 106
Arabischer Doktorfisch 146
Arabischer Kaiserfisch 102
Arabischer Picassodrücker 156
Arothron diadematus 172
Arothron hispidus 172
Arothron manilensis 174
Arothron mappa 170
Arothron nigropunctatus 172
Arothron stellatus 170
Ascidia 248
Asteroidea 240
Asthenosoma varium 244
Atriolum robustum 248
Augenflecken-Warzenschnecke 222
Augenfleck-Mirakelbarsch 62
Aulostomidae 38
Aulostomus chinensis 38
Aurelia sp. 190
Aurora-Wächtergrundel 138

—B

Balistapus undulatus 156
Balistidae 156
Balistoides conspicillum 160
Balistoides viridescens 158
Barbe, Gelbflossen- 92
Barbe, Rotmeer- 92
Barbe, Vielstreifen- 92
Bärenkrebs, Muschel- 232
Barrakuda, Großer 154
Barrakudas 154
Bartmuräne 26
Baskenmützen-Zackenbarsch 70
Batoidei 18
Bäumchenkoralle, Hemprichs 192
Bäumchenkoralle, Klunzingers 192
Bedfords Plattwurm 214
Beilbauchfische 90
Belonidae 40
Bennetts Falterfisch 96
Besenschwanz-Lippfisch 116
Binsengorgonie 196

Bivalvia 226
Blasenkoralle 206
Blauband-Papageifisch 124
Blaue Seescheide 248
Blaue Wurzelmundqualle 190
Blauer Drache 224
Blauer Seestern 240
Blauer Segelflosser 150
Blaugrüner Chromis 108
Blaukehl-Drückerfisch 160
Blaupunkt-Stechrochen 22
Blauschwanz-Nasendoktor 150
Blaustreifen Doktorfisch 148
Blaustreifen-Drückerfisch 158
Blaustreifen-Säbelzähner 132
Blaustreifen-Schnapper 80
Blenniidae 132
Blutfleck-Husar 36
Bodianus anthioides 120
Bolbometapon muricatum 122
Bonaparte-Schlangenaal 30
Borstenwürmer 210
Brunnenbauer, Randalls- 140
Bryaninops natans 138
Bryaninops yongei 138
Buckel-Drachenkopf 52
Buckel-Schnapper 80
Büffelkopf-Papageifisch 122
Büschelbarsch, Forsters 74
Büschelbarsch, Langnasen- 74
Büschelbarsch, Monokel- 74
Büschelbarsche 74

—C

Caesio suevica 82
Caesio xanthonota 82
Caesionidae 82
Calamaris-Seeigel 242
Callionymidae 134
Calllechelys marmorata 30
Calloplesiops altivelis 62
Calpurnus verrucosus 218
Canthigaster papua 174
Canthigaster valentini 174
Carangidae 78
Carangoides bajad 78
Caranx ignobilis 78
Carcharhinidae 16
Carcharhinus amblyrhynchos 16
Carcharhinus melanopterus 16
Carpilius convexus 234
Cassiopea andromeda 190

Centriscidae 46
Cephalopholis argus 68
Cephalopholis miniata 68
Cephalopholis sexmaculata 68
Cephea cephea 190
Ceriantharia 200
Cerianthus cf. filiformis 200
Cetoscarus bicolor 124
Chaetodon auriga 96
Chaetodon bennetti 96
Chaetodon collare 94
Chaetodon guttatissimus 94
Chaetodon meyeri 94
Chaetodon paucifasciatus 98
Chaetodon semilarvatus 98
Chaetodon trifasciatus 96
Chaetodontidae 94
Charonia tritonis 218
Cheilinus lunulatus 116
Cheilinus undulatus 116
Cheilodipterus macrodon 76
Cheilodipterus quinquelineatus 76
Chelmon rostratus 100
Chelonia mydas 180
Chloeia flava 210
Chlororus sordidus 126
Choriaster granulatus 240
Choridactylinae 54
Chromis viridis 108
Chromis, Blaugrüner 108
Chromodoris kuniei 222
Chromodoris quadricolor 220
Chromodoris quadricolor 220
Cirrhipathes spiralis 208
Cirrhitidae 74
Clarks Anemonenfisch 110
Comanthina schlegelii 238
Conus textile 218
Corallimopharia 200
Coris formosa 120
Corythoichthys flavofasciatus 46
Crinoidea 238
Crustacea 230
Cryptodendron adhaesivum 202
Cyclichthys orbicularis 176

—D

Dactylopteridae 58
Dactylopterus orientalis 58
Dactylopus dactylopus 134
Dardanus pedunculatus 232
Dasyatis kuhlii 20

Register

Delfine 182
Delphinidae 182
Dendrochirus biocellatus 50
Dendrochirus brachypterus 50
Dendronephthya hemprichi 192
Dendronephthya klunzingeri 192
Diagramma pictum 84
Dickkopf-Makrele 78
Diodon hystrix 176
Diodon liturosus 176
Diodontidae 176
Doktorfisch, Arabischer 146
Doktorfisch, Blaustreifen 148
Doktorfisch, Grauer 146
Doktorfisch, Paletten- 150
Doktorfisch, Rammkopf- 148
Doktorfisch, Sträflings- 148
Doktorfisch, Weißkehl- 146
Doktorfische 146
Doppelband-Meerbrasse 88
Dörnchenkorallen 208
Dornenkrone 240
Drache, Blauer 224
Drachenkopf, Buckel- 52
Drachenkopf, Fransen- 52
Drachenköpfe 52
Drahtkoralle, Schwarze 208
Drahtkoralle, Spiralige 208
Drahtkorallen-Spinnenkrabbe 236
Dreiflosser 130
Dreiflosser, Gestreifter 130
Dreipunkt-Kaiserfisch 106
Drückerfisch, Blaukehl- 160
Drückerfisch, Blaustreifen- 158
Drückerfisch, Gelbsaum- 158
Drückerfisch, Leoparden- 160
Drückerfisch, Riesen- 158
Drückerfisch, Witwen- 160
Drückerfische 156
Dugong 182
Dugong dugong 182
Dugongidae 182
Dunkle Seefeder 198
Durban Tanzgarnele 236

—E

Echeneidae 60
Echeneis naucrates 60
Echidna nebulosa 28
Echinoidea 242
Echinotrix calamaris 242
Echter Steinfisch 54

Edel-Seegurke 246
Eidechsenfisch, Zweifleck- 32
Eidechsenfische 32
Einfarben-Thunfisch 130
Einsiedler, Anemonen- 232
Eischnecke, Nabel- 218
Elapidae 180
Ellisella juncea 196
Ellisella juncea 196
Ephippidae 142
Epibulus insidiator 120
Epinephelus fasciatus 70
Epinephelus malabaricus 70
Epinephelus tukula 70
Escenius gravieri 132
Escenius midas 132
Eurypegasus draconis 40

—F

Fächerkoralle, Riesen- 196
Fahnchen-Falterfisch 96
Fahnenbarsch, Gelbrücken- 66
Fahnenbarsch, Juwelen- 66
Fahnenbarsch, Rechteck- 66
Fahnenbarsche 66
Fais Stechrochen 22
Falterfisch, Bennetts 96
Falterfisch, Fähnchen- 96
Falterfisch, Gelber Pyramiden- 100
Falterfisch, Halsband- 94
Falterfisch, Kupferstreifen- 100
Falterfisch, Masken- 98
Falterfisch, Rippen- 96
Falterfisch, Schwarzstreifen- 94
Falterfisch, Tüpfel- 94
Falterfische 94
Fangschreckenkrebs, Harlekin- 236
Farn, Philippinen- 188
Feilenfisch, Schrift- 162
Feilenfisch, Schwarzsattel- 162
Feilenfische 162
Feuerfisch, Antennen- 48
Feuerfisch, Kurzflossen- 50
Feuerfisch, Mombasa- 50
Feuerfisch, Zweifleck- 50
Feuerfische 48
Feuerkoralle, Netz- 188
Feuerkorallen 188
Feuer-Schwertgrundel 140
Feuerseeigel, Variabler 244
Feuerwurm Gelber 210
Finger-Leierfisch 134

Finger-Teufelsfisch 54
Fistularia commersonii 38
Fistulariidae 38
Flecken-Spitzkopfkugelfisch 174
Fledermausfisch, Langflossen- 142
Fledermausfisch, Rundkopf- 142
Fledermausfische 142
Flossenblatt, Silber- 90
Flossenblätter 90
Flötenfisch 38
Flötenfische 38
Flügelrossfisch, Zwerg- 40
Flügelrossfische 40
Flughähne 58
Forcipiger flavissimus 98
Forellenbarsch, Rotmeer- 72
Forsters Büschelbarsch 74
Fransen-Drachenkopf 52
Fünflinien-Kardinalbarsch 76
Füsilier, Gelbstirn- 82
Füsilier, Neon- 82
Füsilier, Rotmeer- 82
Füsiliere 82

— G

Garnele, Harlekin- 230
Gebänderte Scherengarnele 230
Gefleckter Adlerrochen 18
Gefleckter Porzellankrebs 234
Gefleckter Sterngucker 58
Geister-Muräne 28
Geisterpfeifenfisch, Harlekin- 42
Geisterpfeifenfisch, Seegras- 42
Geisterpfeifenfische 42
Gelbaugen-Schnapper 80
Gelbblauer Zwergbarsch 64
Gelbbrauner Kofferfisch 164
Gelbe Salatkoralle 204
Gelber Feuerwurm 210
Gelber Pyramiden-Falterfisch 100
Gelbflossen-Barbe 92
Gelbflossen-Straßenkehrer 86
Gelbkopf-Muräne 24
Gelblippen-Seekobra 180
Gelbmasken-Kaiserfisch 106
Gelbrücken-Fahnenbarsch 66
Gelbsaum-Drückerfisch 158
Gelbstirn-Füsilier 82
Gemeiner Krokodilsfisch 56
Genicanthus caudovittatus 106
Gepunkteter Igelfisch 176
Gestreifte Languste 232

Gestreifte Nembrotha 220
Gestreifter Dreiflosser 130
Gestreifter Korallenwels 32
Gestreifter Schiffshalter 60
Gestreifter Schnepfenmesserfisch 46
Gestreifter Torpedobarsch 60
Gestrichelte Seegurke 246
Geweihschwamm, Pracht- 186
Gewöhnlicher Ammenhai 14
Ginglymostomatidae 14
Glasfisch, Indischer 90
Glühkohlen-Anemonenfisch 114
Gnathanodon speciosus 78
Gnathodentex aurolineatus 86
Gobiidae 136
Gobiodon citrinus 136
Goldener Riffbarsch 108
Gold-Makrele 78
Goldregen-Plattwurm 212
Gold-Seescheide 248
Goldstirn-Schläfergrundel 136
Gorgonacea 196
Grammistes sexlineatus 62
Grammistinae 62
Graue Muräne 26
Grauer Doktorfisch 146
Grauer Riffhai 16
Griffel-Seeigel 244
Großaugenbarsch, Riff- 64
Großaugenbarsche 64
Großaugen-Straßenkehrer 86
Großdorn-Husar 36
Große Netzmuräne 24
Große Scheibenanemone 200
Große Zylinderrose 200
Großer Barrakuda 154
Großnasen-Kofferfisch 168
Grundel, Krabbenaugen- 136
Grundeln 136
Grundhaie 16
Grüne Schildkröte 180
Gymnomuraena zebra 28
Gymnosarda unicolor 130
Gymnothorax breedeni 26
Gymnothorax favagineus 24
Gymnothorax fimbriatus 24
Gymnothorax griseus 26
Gymnothorax javanicus 24
Gymnothorax meleagris 26

Register

—H

Haarstern, Schlegels 238
Haarsterne 238
Haemulidae 84
Halfterfisch 154
Halfterfische 154
Halichoeres hortulanus 118
Halsband-Anemonenfisch 112
Halsband-Falterfisch 94
Harlekin-Fangschreckenkrebs 236
Harlekin-Garnele 230
Harlekin-Geisterpfeifenfisch 42
Harlekin-Schwimmkrabbe 234
Harlekin-Schwimmkrabbe 234
Harlekin-Süßlippe 84
Helcogramma striata 130
Helm-Knurrhahn 58
Hemitaurichthys polylepis 100
Hemprichs Bäumchenkoralle, 192
Heniochus diphreutes 100
Herzog-Lippfisch 120
Heteractis magnifica 202
Heterocentrotus mammillatus 244
Hexabranchus sanguineus 222
Himantura fai 22
Hippocampus bargibanti 44
Hippocampus kuda 44
Hipposcarus harid 126
Hirnkoralle, Raue 206
Hirschgeweih-Koralle 206
Holocentridae 36
Holothuria fuscogilva 246
Holothuroidea 246
Hornhecht, Krokodil- 40
Hornhechte 40
Hornkorallen 196
Husar, Blutfleck- 36
Husar, Großdorn- 36
Husarenfische 36
Hymenocera elegans 230

—I

Igelfisch, Gepunkteter 176
Igelfisch, Kurzstachel- 176
Igelfisch, Masken- 176
Igelfische 176
Igelrochen 20
Igelrochen 18
Imperator-Kaiserfisch 102
Indische Langnase 126
Indischer Buckelkopf 124
Indischer Gelbklingen-Nasendoktor 152

Indischer Glasfisch 90
Indischer Kaninchenfisch 144
Indischer Rotfeuerfisch 48
Indopazifik-Sergeant 108
Inimicus didactylus 54

—J

Junker, Königs- 120
Junker, Schachbrett- 118
Junker, Sechsstreifen- 118
Juwelen-Fahnenbarsch 66
Juwelen-Zackenbarsch 68

—K

Kaiserfisch , Imperator- 102
Kaiserfisch, Arabischer 102
Kaiserfisch, Dreipunkt- 106
Kaiserfisch, Gelbmasken- 106
Kaiserfisch, Pfauen- 104
Kaiserfisch, Ring- 104
Kaiserfisch, Traum- 104
Kaiserfische 102
Kakadu-Stirnflosser 56
Kammzähner, Mimikry- 132
Kammzähner, Neonaugen- 132
Kaninchenfisch, Indischer 144
Kaninchenfisch, Tüpfel- 144
Kaninchenfisch, Zweiband- 144
Kaninchenfische 144
Karamell-Plattwurm 216
Kardinalbarsch, Fünflinien- 76
Kardinalbarsch, Sonnen- 76
Kardinalbarsch, Tiger- 76
Kardinalbarsche 76
Kartoffel-Zackenbarsch 70
Kegelschnecke, Textil- 218
Kieferfische 140
Kleiner Tümmler 182
Klunzingers Bäumchenkoralle 192
Knotenfächer 196
Knurrhahn, Helm- 58
Kofferfisch, Gelbbrauner 164
Kofferfisch, Großnasen- 168
Kofferfisch, Solor- 166
Kofferfisch, Weißpunkt- 166
Kofferfische 164
Königs-Junker 120
Konvexe Riffkrabbe 234
Korallengrundel, Zitronen- 136
Korallenwels, Gestreifter 32
Korallenwelse 32
Krabbenaugen-Grundel 136

256

Krake, Roter 228
Kraken 228
Krebse 230
Krokodil-Hornhecht 40
Krokodilsfisch, Gemeiner 56
Krustenanemone, Schirmchen- 198
Krustenanemonen 198
Kuda-Seepferdchen 44
Kugelfisch, Mappa- 170
Kugelfisch, Masken- 172
Kugelfisch, Riesen- 170
Kugelfisch, Schwarzflecken- 172
Kugelfisch, Streifen- 174
Kugelfisch, Weißflecken- 172
Kugelfische 170
Kugelkopf-Papageifisch 126
Kugel-Seeigel 242
Kuhls Stechrochen 20
Kunie-Sternschnecke 222
Kupferstreifen-Falterfisch 100
Kurzfinger-Lederkoralle 194
Kurzflossen-Feuerfisch 50
Kurzstachel-Igelfisch 176

—L
Labridae 116
Lactoria cornuta 168
Lactoria fornasini 168
Langflossen-Fledermausfisch 142
Langhorn-Kofferfisch 168
Langnase, Indische 126
Langnasen-Büschelbarsch 74
Languste, Gestreifte 232
Lappige Lederkoralle 194
Laticauda colubrina 180
Lederkoralle Kurzfinger- 194
Lederkoralle, Lappige 194
Lederkoralle, Pilz- 194
Leierfisch, Finger- 134
Leierfische 134
Leoparden-Drückerfisch 160
Lethrinidae 86
Lethrinus erythracanthus 86
Leuchtfleck-Straßenkehrer 86
Linckia laevigata 240
Lindas Plattwurm 216
Lippfisch, Herzog- 120
Lippfisch, Wangenstreifen- 118
Lippfische 116
Lissocarcinus orbicularis 234
Lobophytum sp. 194
Lutjanidae 80

Lutjanus gibbus 80
Lutjanus kasmira 80
Lyrakaiser, Rotmeer- 106

—M
Macolor macularis 80
Macrorhynchia philippina 188
Maiazoon orsaki 216
Maiden-Schläfergrundel 138
Makrele, Dickkopf- 78
Makrele, Gold- 78
Makrelen 130
Malabar-Zackenbarsch 70
Malacanthidae 60
Malacanthus brevirostris 60
Malediven-Anemonenfisch 112
Mandarinfisch 134
Mangrovenqualle 190
Manta 18
Manta birostris 18
Mantas und Teufelsrochen 18
Mappa-Kugelfisch 170
Marmor-Schlangenaal 30
Masken-Falterfisch 98
Masken-Igelfisch 176
Masken-Kugelfisch 172
Masken-Nasendoktor 152
Masken-Papageifisch 126
Meerbarben 92
Meerbrasse, Doppelband- 88
Meerbrassen 88
Meeresschildkröten 180
Melichthys vidua 160
Melithaea ochracea 196
Mespillia globulus 242
Microcyphus rousseaui 244
Millepora dichotoma 188
Milleporidae 188
Mimikry-Kammzähner 132
Mirakelbarsch, Augenfleck- 62
Mirakelbarsche 62
Mobula Thurstoni 18
Mombasa-Feuerfisch 50
Monacanthidae 162
Mondsichel-Zackenbarsch 72
Monodactylidae 90
Monodactylus argenteus 90
Monokel-Büschelbarsch 74
Monotaxis grandoculis 86
Mullidae 92
Mulloidichthys vanicolensis 92
Muraenidae 24

Register

Muräne, Geister- 28
Muräne, Graue 26
Muräne, Zebra- 28
Muränen 24
Muschel-Bärenkrebs 232
Muscheln 226
Myliobatidae 18
Myripristis vittata 36

—N

Nabel-Eischnecke 218
Nacktschnecken 220
Napoleon 116
Nasendoktor, Blauschwanz- 150
Nasendoktor, Indischer Gelbklingen- 152
Nasendoktor, Masken- 152
Nasendoktor, Schärpen- 152
Naso brevirostris 152
Naso elegans 152
Naso hexacanthus 150
Naso vlamingi 152
Nebrius ferrugineus 14
Negombata corticata 186
Nemateleotris magnifica 140
Nembrotha, Gestreifte 220
Nembrotha purpurlineata 220
Nemipteridae 88
Neonaugen-Kammzähner 132
Neon-Füsilier 82
Neoniphon sammara 36
Neopetrolisthes oshima 234
Netz-Feuerkoralle 188
Netz-Seenadel 46
Noppenrand-Anemone 202
Nudibranchia 220

—O

Octopodidae 228
Octopus cyanea 228
Odontodactylus scyllarus 236
Odonus niger 156
Ohrenqualle 190
Ophichthidae 30
Ophichthys bonaparti 30
Ophiotrix savignyi 238
Ophiuridea 238
Opistognathidae 140
Opistognathus randalli 140
Oranger Anemonenfisch 114
Orange-Ringel-Anemonenfisch 110
Orangestreifen-Drückerfisch 156
Orectolobiformes 14

Orient-Süßlippe 84
Ostraciidae 164
Ostracion cubicus 164
Ostracion meleagris 166
Ostracion rhinorhynchos 168
Ostracion solorensis 166
Oxycheilinus diagrammus 118
Oxycirrhites typus 74
Oxymonacanthus halli 162

—P

Pachyseris speciosa 206
Paletten-Doktorfisch 150
Palettenstachler, Rotmeer- 162
Panther-Torpedorochen 22
Panulirus versicolor 232
Papageifisch, Blauband- 124
Papageifisch, Kugelkopf- 126
Papageifisch, Masken- 126
Papageifisch, Rostnacken- 124
Papageifische 122
Papilloculiceps longiceps 56
Paracanthurus hepatus 150
Paracirrhites arcatus 74
Paracirrhites forsteri 74
Paraluteres prionurus 162
Parapercis hexophthalma 128
Parapriacanthus ransonneti 90
Parupeneus forsskali 92
Parupeneus multifasciatus 92
Pearsonothuria graeffei 246
Pegasidae 40
Peitschenkorallen-Zwerggrundel 138
Pempheridae 90
Pennatulacea 198
Pfauen-Kaiserfisch 104
Pfauen-Zackenbarsch 68
Pharao-Sepia 228
Philippinen-Farn 188
Phyllidia ocellata 222
Phyllidia varicosa 224
Pilz-Lederkoralle 194
Pinguididae 128
Plagiotremus rhinorhynchus 132
Platax orbicularis 142
Platax teira 142
Plathelminthes 212
Plattköpfe 56
Plattwurm, Bedfords 214
Plattwurm, Goldregen- 212
Plattwurm, Karamell- 216
Plattwurm, Lindas 216

Plattwurm, Pracht- 212
Plattwurm, Rennstreifen 216
Plattwurm, Rost- 214
Plattwurm, Susans 214
Plattwürmer 212
Platycephalidae 56
Platygyra daedalea 206
Plectorhinchus chaetodonoides 84
Plectorhinchus orientalis 84
Plectropomus pessuliferus marisrubi 72
Plerogyra sinuosa 206
Plesiopidae 62
Plotosidae 32
Plotosus lineatus 32
Plumulariidae 188
Polycarpa aurata 248
Polychaeta 210
Pomacanthidae 102
Pomacanthus annularis 104
Pomacanthus annularis 106
Pomacanthus imperator 102
Pomacanthus maculosus 102
Pomacanthus navarchus 104
Pomacentridae 108
Porifera 186
Porzellankrebs, Gefleckter 234
Pracht-Anemone 202
Pracht-Geweihschwamm 186
Pracht-Plattwurm 212
Premnas biaculeatus 114
Priacanthidae 64
Priacanthus hamrur 64
Prosobranchia 218
Protopalythoa sp. 198
Pseudanthias evansi 66
Pseudanthias pleurotaenia 66
Pseudanthias squamipinnis 66
Pseudobalistes flavimarginatus 158
Pseudobalistes fuscus 158
Pseudobiceros bedfordi 214
Pseudobiceros gloriosus 212
Pseudoceros cf. ferugineus 214
Pseudoceros lindae 216
Pseudoceros liparus 216
Pseudoceros susanae 214
Pseudochromidae 64
Pseudochromis flavivertex 64
Pseudocolochirus violaceus 246
Pteraeolidia ianthina 224
Ptereleotridae 140
Pterocaesio tile 82
Pteroides sp. 198

Pteroinae 48
Pterois antennata 48
Pterois miles 48
Pterois mombasae 50
Pygoplites diacanthus 104
Pyjama-Sternschnecke 220

—Q
Quallen 190

—R
Rammkopf-Doktorfisch 148
Randalls-Brunnenbauer 140
Raue Hirnkoralle 206
Rechteck-Fahnenbarsch 66
Rennstreifen-Plattwurm 216
Rhincodon typus 14
Rhinecanthus assasi 156
Rhinomuraena quaesita 28
Rhopalaea crassa 248
Rhynchocinetes durbanensis 236
Riesen-Anglerfisch 34
Riesen-Drückerfisch 158
Riesen-Fächerkoralle 196
Riesen-Kugelfisch 170
Riesenmuräne 24
Riesenmuschel, Schuppige 226
Riffbarsch, Goldener 108
Riffbarsche 108
Riff-Großaugenbarsch 64
Riffhai, Grauer 16
Riffhai, Schwarzspitzen- 16
Riffhai, Weißspitzen- 16
Riffkrabbe, Konvexe 234
Rillenkoralle 206
Ring-Kaiserfisch 104
Rippen-Falterfisch 96
Risbecia tryoni 220
Robuste Seescheide 248
Rochen 18
Röhrenmaul-Pinzettfisch 98
Röhrenwurm, Weihnachtsbaum- 210
Rostnacken-Papageifisch 124
Rost-Plattwurm 214
Roter Krake 228
Rotfeuerfisch, Indischer 48
Rotmeer-Barbe 92
Rotmeer-Forellenbarsch 72
Rotmeer-Füsilier 82
Rotmeer-Lyrakaiser 106
Rotmeer-Palettenstachler 162
Rotmeer-Sandtaucher 128

Register

Rotmeer-Winkelfalterfisch 98
Rotzahn-Drückerfisch 156
Rousseaus Seeigel 244
Rückendorn-Kofferfisch 168
Rundflecken-Anglerfisch 34
Rundkopf-Fledermausfisch 142

—S

Säbelzähner, Blaustreifen- 132
Salatkoralle, Gelbe 204
Sandbarsche 128
Sandtaucher 128
Sarcophyton trocheliophorum 194
Sargocentron spiniferum 36
Sattel-Spitzkopfkugelfisch 174
Savignys Schlangenstern 238
Scaridae 122
Scarus ferrugineus 124
Scarus ghobban 124
Scarus strongylocephalus 124
Schachbrett-Junker 118
Schärpen-Nasendoktor 152
Schärpen-Scheinschnapper 88
Schaukelfisch 52
Scheibenanemone, Große 200
Scheibenanemonen 200
Scheinschnapper 88
Scheinschnapper, Schärpen- 88
Scherengarnele, Gebänderte 230
Schiffshalter 60
Schiffshalter, Gestreifter 60
Schildkröte Grüne 180
Schirmchen-Krustenanemone 198
Schläfergrundel, Goldstirn- 136
Schläfergrundel, Maiden- 138
Schlangenaal, Bonaparte- 30
Schlangenaal, Marmor- 30
Schlangenaale 30
Schlangenstern, Savignys 238
Schlangensterne 238
Schlegels Haarstern 238
Schleimfische 132
Schnapper 80
Schnapper, Blaustreifen- 80
Schnapper, Buckel- 80
Schnapper, Gelbaugen- 80
Schnecken Vorderkiemer- 218
Schnepfenmesserfisch, Gestreifter 46
Schnepfenmesserfische 46
Schrift-Feilenfisch 162
Schuppige Riesenmuschel 226
Schwämme 186

Schwanzfleck-Sandbarsch 128
Schwarm-Wimpelfisch 100
Schwarze Drahtkoralle 208
Schwarzflecken-Kugelfisch 172
Schwarzflossen-Anemonenfisch 112
Schwarzpunkt-Stechrochen 20
Schwarzsattel-Feilenfisch 162
Schwarzspitzen-Riffhai 16
Schwarzstreifen-Falterfisch 94
Schwertgrundel, Feuer- 140
Schwimmkrabbe, Harlekin- 234
Scleractinia 204
Scolopsis bilineatus 88
Scombridae 130
Scorpaeninae 52
Scorpaenopsis diabolus 52
Scorpaenopsis oxycephala 52
Scyllarides tridacnophaga 232
Scyphozoa 190
Sechsstreifen-Junker 118
Sechsstreifen-Seifenbarsch 62
Seeanemonen 202
Seefarne 188
Seefeder, Dunkle 198
Seefedern 198
Seegras-Geisterpfeifenfisch 42
Seegurke Apfel- 246
Seegurke, Edel- 246
Seegurke, Gestrichelte 246
Seegurken 246
Seeigel 242
Seeigel, Calamaris- 242
Seeigel, Griffel- 244
Seeigel, Kugel- 242
Seeigel, Rousseaus 244
Seekobra Gelblippen- 180
Seenadel, Netz- 46
Seenadeln 46
Seepferdchen 44
Seepferdchen, Kuda- 44
Seepferdchen, Zwerg- 44
Seescheide, Robuste- 248
Seescheide, Blaue 248
Seescheide, Gold- 248
Seescheiden 248
Seeschlangen 180
Seestern, Blauer 240
Seesterne 240
Segelflosser, Blauer 150
Seifenbarsch, Sechsstreifen- 62
Seifenbarsche 62
Sepia pharaonis 228

Sepien 228
Sepiidae 228
Sergeant, Indopazifik- 108
Serranidae 68
Sexhsstreifen-Zackenbarsch 68
Siganidae 144
Siganus guttatus 144
Siganus stellatus laqueus 144
Siganus virgatus 144
Signigobius biocellatus 136
Silber-Flossenblatt 90
Silber-Süßlippe 84
Sinularia leptoclados 194
Soldatenfisch, Weißspitzen- 36
Soldatenfische 36
Solenostomidae 42
Solenostomus cyanopterus 42
Solenostomus paradoxus 42
Solor-Kofferfisch 166
Sonnen-Kardinalbarsch 76
Spanische Tänzerin 222
Sparidae 88
Sphyraena barracuda 154
Sphyraenidae 154
Spinnenkrabbe, Drahtkorallen- 236
Spiralige Drahtkoralle 208
Spirobranchus giganteus 210
Spitzkopfkugelfisch, Flecken- 174
Spitzkopfkugelfisch, Sattel- 174
Spitzkopf-Zackenbarsch 72
Spondylus varius 226
Stachel-Anemonenfisch 114
Stachelauster, Variable 226
Stachelmakrele, Zitronen- 78
Stachelmakrelen 78
Stechrochen, Blaupunkt- 22
Stechrochen, Fais 22
Stechrochen, Kuhls 20
Stechrochen, Schwarzpunkt- 22
Stegostoma fasciatum 14
Stegostomatidae 14
Steinfisch, Echter 54
Steinfische 54
Steinkorallen 204
Stenopus hispidus 230
Sternfleckenmuräne 28
Sterngucker 58
Sterngucker, Gefleckter 58
Sternschnecke Kunie 222
Sternschnecke, Pyjama- 220
Sternschnecke, Tryons- 220
Stirnflosser 56

Stirnflosser, Kakadu- 56
Sträflings-Doktorfisch 148
Straßenkehrer 86
Straßenkehrer, Gelbflossen- 86
Straßenkehrer, Großaugen- 86
Straßenkehrer, Leuchtfleck- 86
Streifen-Kugelfisch 174
Stülpmaul-Lippfisch 120
Susans Plattwurm 214
Süßlippe, Harlekin- 84
Süßlippe, Orient- 84
Süßlippe, Silber- 84
Süßlippen 84
Synanceia verrucosa 54
Synanceinae 54
Synchiropus splendidus 134
Syngnathindae 46
Synodontidae 32
Synodus binotatus 32

—T

Taenionatus triacanthus 52
Taeniura lymma 22
Taeniura meyeni 20
Tänzerin, Spanische 222
Tanzgarnele, Durban 236
Testudines 180
Tetraodontidae 170
Tetrarogidae 56
Teufelsfisch, Finger- 54
Teufelsfische 54
Teufelsrochen, Thurstons 18
Textil-Kegelschnecke 218
Thalassoma hardwicke 118
Thunfische 130
Thurstons Teufelsrochen 18
Thysanozoon sp. 212
Tiger-Kardinalbarsch 76
Tischkoralle 204
Tonnenschwamm 186
Torpedo panthera 22
Torpedobarsch, Gestreifter 60
Torpedobarsche 60
Torpedogrundeln 140
Torpedorochen, Panther- 22
Traum-Kaiserfisch 104
Triaenodon obesus 16
Trichonotidae 128
Trichonotus nikii 128
Tridacna squamosa 226
Tripterygiidae 130
Tritonshorn 218
Trompetenfisch 38

Register

Trompetenfische 38
Tryons-Sternschnecke 220
Tümmler, Kleiner 182
Tüpfel-Falterfisch 94
Tüpfel-Kaninchenfisch 144
Turbinaria reniformis 204
Tursiops aduncus 182
Tylosurus crocodilus 40

—U
Uranoscopidae 58
Uranoscopus sulphureus 58
Urogymnus africanus 20
Urogymnus africanus 18

—V
Valenciennea puellaris 138
Valenciennea strigata 136
Variable Stachelauster 226
Variable Warzenschnecke 224
Variabler Feuerseeigel 244
Variola louti 72
Vielstreifen-Barbe 92
Violettaugen-Zwerggrundel 140
Vorderkiemer-Schnecken 218

—W
Wächtergrundel, Aurora- 138
Walhai 14
Walzenstern 240
Wangenstreifen-Lippfisch 118
Warzenschnecke, Augenfleck- 222
Warzenschnecke, Variable 224
Weichkorallen 192
Weihnachtsbaum-Röhrenwurm 210
Weißflecken-Kugelfisch 172
Weißkehl-Doktorfisch 146
Weißmaulmuräne 26
Weißpunkt-Kofferfisch 166
Weißspitzen-Riffhai 16
Weißspitzen-Soldatenfisch 36
Wimpelfisch, Schwarm- 100
Winkelfalterfisch, Rotmeer- 98
Witwen-Drückerfisch 160
Wurzelmundqualle, Blaue 190

—X
Xanthichthys auromarginatus 160
Xenocarcinus tuberculatus 236
Xestospongia testudinaria 186

—Z
Zackenbarsch, Baskenmützen- 70
Zackenbarsch, Juwelen- 68
Zackenbarsch, Kartoffel- 70
Zackenbarsch, Malabar- 70
Zackenbarsch, Mondsichel- 72
Zackenbarsch, Pfauen- 68
Zackenbarsch, Sechsstreifen- 68
Zackenbarsch, Spitzkopf- 72
Zackenbarsche 68
Zanclidae 154
Zanclus cornutus 154
Zebrahai 14
Zebra-Muräne 28
Zebrasoma xanthurum 150
Zitronen-Korallengrundel 136
Zitronen-Stachelmakrele 78
Zoantharia 198
Zweiband-Kaninchenfisch 144
Zweifleck-Eidechsenfisch 32
Zweifleck-Feuerfisch 50
Zwergbarsch, Gelbblauer 64
Zwergbarsche 64
Zwerg-Flügelrossfisch 40
Zwerggrundel, Peitschenkorallen- 138
Zwerggrundel, Violettaugen- 140
Zwerg-Seepferdchen 44
Zylinderrose, Große 200
Zylinderrosen 200

Bildnachweis / Impressum

Mit 327 Fotos von Manuela Kirschner und Matthias Bergbauer

Umschlaggestaltung von Populärgrafik unter Verwendung von
1 Farbfoto von Manuela Kirschner
Die Aufnahme zeigt einen Rotmeer-Lyrakaiser. Die Fotos auf
den Klappen zeigen vorn ein Pygmäen-Seepferdchen und hinten
einen Rosa Anemonenfisch
Die Zeichnung von Wolfgang Lang zeigt eine Sternschnecke.

Eine Karte der Tropischen Meeresregionen von Wolfgang Lang

Der Inhalt dieses Buchs ist sorgfältig recherchiert und
erarbeitet worden. Dennoch können weder Autor, Übersetzer noch
Verlag für alle Angaben im Buch eine Haftung übernehmen.

Unser gesamtes Programm finden Sie unter **kosmos.de**
Über Neuigkeiten informieren Sie regelmäßig
unsere Newsletter, einfach anmelden unter kosmos.de/newsletter

Gedruckt auf chlorfrei gebleichtem Papier

© 2018, Franckh-Kosmos Verlags-GmbH & Co. KG, Stuttgart.
Alle Rechte vorbehalten
ISBN-13: 978-3-440-15936-1
Redaktion: Monika Weymann
Gestaltung und Satz: Populärgrafik Stuttgart
Produktion: Markus Schärtlein
Layout: Populärgrafik
Printed in Italy / Imprimé en Italie

Mimikry

Der Schwarzstreifen-Säbelzähner hat giftige Fangzähne und wird daher von Räubern gemieden. Der harmlose Mimikry-Kammzähner ahmt ihn nach und genießt so einen höheren Schutz.

Schwarzstreifen-Säbelzähner

Mimikry-Kammzähner

Der Spitzkopf-Kugelfisch enthält, wie alle Kugelfische, in seinem Körpergewebe ein starkes Gift, weshalb er von Räubern gemieden wird. Der ungiftige Schwarzsattel-Feilenfisch ahmt den Kugelfisch nach und wird daher ebenfalls von vielen Räuber gemieden.

Schwarzsattel-Feilenfisch

Spitzkopf-Kugelfisch